Andreas Malessa
Wir *jungen* Alten

Andreas Malessa

# Wir *jungen* Alten

## Die Abenteuer des Franz Rudolf Frührentner

Mit Illustrationen
von Heribert Schulmeyer

*[handschriftliche Widmung]*

Kreuz

# Inhalt

# Ich bin Rentner!
## Und was dann folgt

Ich bin Rentner!

So. Nun sind sie raus, die drei Wörter. Zwei denk'
ich mir immer noch dazu: »Ich bin Rentner – na und?!«
Was meine Gemahlin blöd findet.

»Du kriegst halt nicht mit, was diesem Satz folgt!«,
sag' ich dann zu meiner Frau. Und zu meiner Erklä-
rung.

Neulich zum Beispiel, bei einem dieser gesellschaftlichen Anlässe. Für die haben wir seit meiner Pensio-
nierung auch nicht mehr Zeit als früher, aber Mausi
glaubt das. Meine Frau heißt Margarete. Geborene
Sieghart. Da wurde »Mausi« draus in den letzten 31
Jahren. Meine Gattin also glaubt fest daran, dass wir
jetzt mehr Gesellschaft hätten. Oder Anlässe für Gesellschaft. Oder zumindest potentiell mehr Möglich-
keiten für die Teilnahme an gesellschaftlichen Anlässen. Was war es eigentlich? Ach so – die Konzertpause,
genau.

Meine Frau sieht im Gedränge die Frau Rollmüller
aus der Parallelstraße. Die beiden hatten immer morgens früh denselben Gassiweg im Stadtpark, als unser
schwarzbrauner Bobbi noch lebte. Also Margarete
erblickt die Rollmüllersche, die erblickt uns, winkt
ihren Mann mit einer Kopfbewegung herbei, wir werden einander vorgestellt, und dann kommt sie, die un-
vermeidliche Frage. Von ihm. Von dem Dings ... äh ...
dem Rollmüller.

Vornamen kann ich mir nicht merken. Konnte ich aber noch nie! Das ist keine Alterserscheinung, nein nein! Oder wissen Sie, wie der Entdecker der Alzheimer'schen Krankheit mit Vornamen hieß? Na? Na? Sehen Sie! Keiner weiß, wie der Alzheimer mit Vornamen hieß. Das können Sie vergessen, ehrlich.

Also der Mann von der Hundeausführ-Bekannten meiner Frau drückt seine Rest-Zigarette in den Aschenbecher und fragt:»Und was sind Sie von Beruf, Herrrräh … Herrräh …« Er kann sich auch keine Namen merken, sehen Sie! Nicht mal Nachnamen.

In dem Moment klingelt die Pausenglocke.

»Wir müssen wieder rein!«, sagt meine Frau und stellt ihr so gut wie noch volles Sektglas auf den Bistrotisch.

Die ersten drei Wörter hätte ich sofort beantwortet. »Was sind Sie?« Und ich wie aus der Pistole:»Chemiker! Promovierter Chemiker!«

Und dann hätte es hinter der Stirn von dem Rollmüller gearbeitet.

BASF? Hoechst? Bayer? Hoffman-LaRoche, Ratiopharm, Nestlé, Kraft?

Plastikstühle, Handtuch-Haken, Textilfasern, Antibabypillen, Herztropfen, Mayonnaise im Becher und Sahne in der Tube oder umgekehrt?

Daimler, Audi, Ford, VW? Kunststoffsitze, Kühlwasserschläuche, Innenverschalungen oder ökologische Lacke?

Ich hätte ihn bedeutungsschwer angeschaut und rätseln lassen.

Was macht ein Chemiker eigentlich?

Bis er bei mir Giftgas für Gaddafi vermutet hätte, ha!

Aber leider hatte er ja gefragt: »Was sind Sie – von Beruf?«

Und da sage ich: »Nichts. Ich bin Rentner.«

Und Dingsbums Rollmüller zieht die Augenbrauen hoch.

Immer, wenn ich das zugebe und nicht sofort verlegen und schuldbewußt an mir herunter oder an meinem Gegenüber vorbei in die Ferne schaue, sondern wenn ich dem Frager frontal ins Gesicht gucke – dann sehe ich das. Wie der Mund zuklappt und die Augenbrauen hochgezogen werden.

Vielleicht sollen Schweigen und Staunen, Verstummen und Verwundern aber auch nur davon ablenken, dass in den Augen des anderen ein gewisses neugieriges Funkeln, ein interessiertes Leuchten, schlagartig erlischt.

Man sagt: »Ich bin Rentner«, und irgendwas wird ausgeknipst.

»Ach so!« »Na dann …«. »Nun gut …«

Jeden Rotzlöffel von Aushilfsjobber, jeden ungelernten Hilfs- und Gelegenheitsarbeiter können Sie fragen: »Und? Was machst Du da so; ist sie schwer, die Arbeit; was kriegst Du pro Stunde; wie ist das Betriebsklima, die Fahrzeit zur Arbeitsstelle; der Firmenparkplatz; das Kantinenessen; die Urlaubsregelung? Was ist mit Überstunden, Arbeitgeberanteil zu vermögenswirksamen Leistungen, Aufstiegschancen, Fortbildung, Kündigungsschutz?!«

Auf meine Auskunft – »Ich bin, äh, Rentner« – folgt nichts.

Nur die Augenbrauen gehen hoch.

Es hat dann, glaube ich, zum zweiten Mal geklingelt. Mausi sagte: »Trinkst Du meinen Sekt aus?« Ich stürzte das wie gesagt so gut wie noch volle Glas in mich hinein, und als wir bei verlöschendem Saallicht im Halbdunkel die notdürftig beleuchteten Treppenstufen zum zweiten Parkett rechts hinuntergingen, da fasste mich Herr Rollmüller ganz leicht an den Ellenbogen.

Als müsse ich gestützt werden! Als könne ich mit 59 und zwei Gläsern Sekt nicht mehr bis zu meinem Sitzplatz finden!

»Fassen Sie mich nicht an!«, hätte ich als junge Frau gezischt.

Aber als Rentner?

# Richtige Kleidung
## für Alter und Jahreszeit

Ich bin Rentner. So. Vor Ihrem geistigen Auge erscheint jetzt vielleicht jemand, der aussieht wie eine Mischung aus Lehrer Lämpel und Schneider Böck in Wilhelm Busch's Bildergeschichte von »Max und Moritz«. Barfuß in karierten Filzpantoffeln, gesteppter Morgenmantel, lange Porzellankopf-Pfeife im Mund, eine Schlafmütze mit Bommel auf dem Kopf. Das sind Klischees, mein Gott! Nein, nein, kommen Sie ins 21. Jahrhundert, wir sind doch die »jungen Alten«. Die Mode-Zielgruppe »50 plus«, wie es politisch korrekt heißt.

Meine Füße stecken barfuß in sandfarbenen Leinenschuhen, über dem Gürtel der schneeweißen Khaki-Bundfaltenhose hängt locker ein hellblaues Jeanshemd – »man zwängt Hemden nicht mehr in die Hose«, sagte die Verkäuferin – , der Kragen ist offen, versteht sich. Nicht *zu* offen, aber ungefähr zwei Knöpfe offen, sag ich mal. Die Ärmel sind beiläufig hochgekrempelt – aber nicht über die Ellenbogen, das wäre proletarisch! –, und die Jacke, beige oder dunkelblau, habe ich nie wirklich an, sondern trage sie am angewinkelten Arm über der Schulter. Die Jacke habe ich *bei* mir, nicht an mir, verstehen Sie? Jetzt die rechte Hand in die schräggeschnittene Hosentasche, und los geht's.

Früher sind wir ins Grüne gegangen und in die Stadt gelaufen. Das sagt man ja auch so: »Ich lauf' mal eben in die Stadt.« Zur Post. Oder schnell was einkaufen. Schnell mal. Und mit klarem Ziel. Wie wenn John Wayne im Western sagt: »Wir machen einen Ausfall!« In die Stadt ging ich sozusagen nur blitzkriegartig. Weshalb ich auch völlig ratlos war, als meine Frau an einem hellichten Donnerstagvormittag vorschlug: »Geh doch mal ein bisschen an die Luft!« Wie – »geh doch mal«? Wohin denn? Und warum?

Heute, als Rentner, weiß ich: Wichtiger als die Frage, *wohin* Sie gehen, ist die Frage, *wie* Sie gehen! Nicht aufgeregt und zielstrebig wie der Meister Böck, der aus seinem Häuschen stürzt, nein – flanieren Sie!

Das ist ein Gehtempo zwischen spazierengehen und was besorgen müssen. Genau dazwischen. Und schlurfen Sie nicht als Rentner!

Sonst bietet man Ihnen am Gartenzaun einer Seniorenwohnanlage die dreirädrige Gehhilfe für Schlaganfallpatienten an!

Flanieren Sie. Aktiv bummelig. So, als könne man noch stundenlang und überall hingehen, überlege sich's aber gerade noch.

Denken Sie an den Samba in der Tanzstunde: »Bouncen! Bouncen!«, schrie der Eintänzer immer gegen die Musik an, wissen Sie noch? Das heißt: Pobacken zusammenkneifen, Bauch einziehen, Schultern zurück und jetzt auf- und ab- und auf- und ab- und auf- und ab. Federn, federn, wippen, wippen!

Den Mann aus der Gesellschaftsgruppe »50 plus« schmückt am besten Maritimes. Marineblaues Sakko mit goldenen Messingknöpfen, darunter ein weißes Polohemd oder jener schwarze Rollkragenpulli aus fei-

ner Baumwolle, der Sie doch schon kurz nach 68 als diskussionsfreudig-kritischen Intellektuellen auszeichnete.

Niemand kann Ihnen erklären, warum Seglerkleidung jünger macht. Warum sie dem Rentner von heute einen wettergegerbt-weltmännischen Hauch von Hardy Krüger und Seewolf verleiht. Strittig ist auch, warum Bergwandererkluft älter macht.

Ich weiß es auch nicht. Ist aber so. Braune Wollsocken in klobigen Schuhen, grüne Grobcordhose oder gar Knickerbocker und darüber ein grauer Lodenjanker mit Hirschhornknöpfen? Grauenhaft! Oder bräunlich gestreifte Strickjacken mit Herrenhandtasche aus rostrotem Lederimitat über der Schulter. Fertig zur Butterfahrt? Schrecklich!

Alt macht es uns Männer auch, wenn wir zwar in Rente gehen, aber einfach unsere Berufskleidung anbehalten. Ich kenne einen pensionierten Gymnasialdirektor, der bringt sein Altpapier im schwarzen Zweireiher zum Container, ehrlich! Und trägt zu Hause jene weißen Bürohemden aus hundert Prozent Plastik, die schon Schwitzflecken in den Achselhöhlen haben, wenn sie noch im Schrank hängen.

Ich rede hier nicht dem blauweißen Ganztages-Trainingsanzug aus Ballonseide das Wort, dazu dicke weiße Tennissocken in Badeschlappen, nein, nein.

Ein Wohnviertel aus mehrheitlich älteren Menschen muss nicht zum Campingplatz verkommen. Nein, wir Frührentner haben gepflegt und gekonnt gefälligst das zu demonstrieren, was uns alle wünschen: Freizeit. Unbegrenzte Freizeit.

So etwa hab ich das in einer Talkrunde bei der Volkshochschule gesagt. Das Thema hieß: »Die vergessene Mode-Mehrheit«, oder so ähnlich. Wir saßen, zwei Männer, drei Frauen, in sehr tiefen Sesseln auf einer sehr hohen Bühne, und es war saukalt in dem Bürgerhaus. Das Publikum ließ die Wintermäntel an. Ich saß, die Knie fast unterm Kinn, mit übereinandergeschlagenen Beinen in meinem Sessel und wippte mit dem rechten Fuß. Die leichte, eierschalfarbene Segeltuchhose war für die Jahreszeit viel zu dünn, das wusste ich. Aber ich hatte zu Hause heimlich vorgesorgt. Meine Frau saß in der ersten Reihe und war seltsam unruhig, rutschte auf ihrem Stuhl hin und her, wirkte irgendwie erregt.

Kaum war die Veranstaltung zu Ende, prustete Mausi los: »Zwischen dem hochgerutschten Hosenbein und dem Ende Deiner dunkelblauen Socken hat man die ganze Zeit Deine weiße lange Unterhose gesehen, Menschenskind!«

So muss sich Meister Böck aus »Max und Moritz« gefühlt haben, als die Brücke brach und er ins kalte Wasser fiel, glaube ich.

# Wer kauft die
## *»Autos für junge Leute«?*

Ich bin Rentner. Und jawohl, ich fahre einen alten beigefarbenen Daimler. »Der ist schon bis zum Mond gefahren!«, sagte ich immer stolz, als der die 350.000-Kilometer-Marke geschafft hatte. »Bauern-Mercedes!«, spottete unser ältester Sohn, 33, immer. Aber das war mir egal.

Das mit dem Mond sagte ich nicht mehr, seit ich in »Reader's Digest« gelesen habe, der Mond sei 60,31 Äquatorradien von der Erde entfernt. Was zwischen 363.300 km und 405.500 km bedeuten kann. Wegen der »Elliptik«. Oder der »Ekliptik«. Kommt wohl von Ellipse, glaube ich.

Auf jeden Fall war bei 358.000 Kilometern die Zylinderkopfdichtung durch. Die Stoßdämpfer, die Kupplung und ein paar andere teure Geschichten standen an, und da sagte Mausi: »Lass uns doch was Kleineres kaufen. Was Flotteres. Die Kinder haben eigene Autos und …«

»Und was?«, fragte ich lauernd zurück. Aber Mausi lenkte ab. Denn dass ein Rentner kein Status-symbol mehr braucht, keinen »standesgemäßen Wagen«, wie man früher sagte, das hatte ich auch ohne ihren Hinweis begriffen.

Ich fahre ja nirgends mehr vor, ich fahr überall nur hin.

Auf den reservierten Betriebsparkplätzen meiner alten Firma stehen jetzt Rennräder. Oder Range Rover. Oder Blumenkübel. Weil die Arbeitsstellen der Vorruheständler nicht neu besetzt wurden.

Der Autohändler, bei dem ich mir dann was Kleines, Flottes anschauen wollte, zeigte mir als erstes »die großzügige Hutablage im Fond«. »Ich trage keinen Hut«, knurrte ich. »Deswegen ja!«, nickte er lächelnd. Dieser Mensch ohne Menschenkenntnis. Der dachte wahrscheinlich an die umhäkelte Klorolle im Rückfenster. Pah!

In der Woche drauf führte mich ein Verkäufer zielstrebig zu einem flunderflachen Zweisitzer, 130 PS, 220 Spitze. Metallic-rot. Das hatte meine Frau auch schon mal beobachtet: In den schrillsten Sportwagen sitzen die ältesten Knacker. Wahrscheinlich üben die heimlich in der Garage, wie sie ohne Hexenschuss oder Bandscheibenvorfall schwungvoll aus den winzigen Schalensitzen rauskommen.

Nein, nein, für uns kam dann am Ende jenes Dutzend angeblich »frecher« Modelle in Frage, die erst als »Junge-Leute«-Autos angepriesen und dann von älteren Ehepaaren gekauft werden. Wie unser Renault Twingo, den wir schließlich nahmen. Mit Faltdach und schön bunt. »Studentinnen-Schleuder!«, spottete mein Sohn, 33. Aber das war mir egal.

Irgendwo habe ich gelesen, dass in Deutschland zur Zeit 9 Millionen Führerscheinbesitzer über 60 sind. Die meisten Unfälle werden aber von Anfängern verursacht. Da ham Sie's! Wir bauen keine Karambolagen, wir veranstalten Konzerte. Hupkonzerte. Hab' ich auch schon verursacht, das muss ich zugeben.

Kleine Autos haben auch kleine Tanks, also müssen sie dauernd. Tanken, meine ich. »Da hinten kommt ein Rasthof«, rief Mausi gegen den Lärm des prasselnden Regens und der Scheibenwischer an. Ein stockdunkler Herbstabend auf der Autobahn. Ich fahre raus, dasselbe macht ein Sattelschlepper vor uns, also sehe ich erst sehr spät, dass die Tankstelle fünf diagonal angelegte Fahrspuren mit vier Zwischensockeln hat, auf denen jeweils zwei Zapfsäulen stehen, also insgesamt acht. Zwischen den fünf Einfahrspuren hängen vier grüne Schilder mit jeweils drei Benzinsorten draufgeschrieben, also zwölf.

Und das alles müssen Sie ja erfassen, während Sie nur noch 20 Meter bis zur Entscheidung haben!

»Gelten die für links oder rechts?«, frage ich meine Frau. »Wer?«, fragt die. »Die Schilder. Unser Tankdeckel ist doch links, oder?«, frage ich.

Bei neuen Wagen weiß man das nie so genau. »Hier ist Diesel!«, beantwortet Mausi meine Frage.

Wir kommen zwischen »Super Plus bleifrei« und »Bleifrei« zu stehen, weil alle anderen Spuren besetzt sind. »Ich glaube, nein«, setzt Frau Gemahlin das Gespräch fort. »Nein was?«, gebe ich gereizt zurück. Wenn der Tankdeckel nämlich rechts sein sollte, wird der Schlauch nicht über das Faltdach reichen, die Zapfpistole wird den Lack neben dem Einfüllstutzen verkratzen, und ich werde mich mit tropfendem Treibstoff besudeln.

»Du musst da drüben hin!«, ruft mir meine Gattin hinterher, während ich aussteige. Und da passiert es: Hinter uns hupt einer. Und schlägt sich mit der flachen

Hand vor die Stirn. Wegen der Lichtreflexion der Tankstellenbeleuchtung auf seiner Frontscheibe ist nicht exakt erkennbar, ob die Lippen seiner Beifahrerin das Wort »*Opa!*« formen oder nicht.

Aber ich meine, es gesehen zu haben.

Zwei strubbelige junge Leute. Studenten, vermute ich. In einem rostigen alten Bauern-Mercedes.

In dem Moment fiel mir ein, dass der Astronaut John Glenn doch mit 77 Jahren nochmal mit der »Discovery« geflogen ist, stimmt's? Nicht zum Mond, aber immerhin ins All. Der musste sich aber auch nicht abends im Regen auf verwirrenden Raststätten die richtige Zapfsäule suchen!

# Was heißt:
## Hier riecht es omalich?

Ich bin Rentner und im Prinzip habe ich keine Geheimnisse vor meiner Frau. Jedenfalls keine schwerwiegenden. Wir sind seit 31 Jahren glücklich verheiratet. So gut das geht.

Also wir vertrauen einander völlig. Trotzdem gibt es Tätigkeiten, bei denen ich nicht beobachtet werden möchte. Auch von Mausi nicht, meiner Gattin.

»Was machst *Du* denn da??!!«, hörte ich sie letzten Freitag plötzlich gellend laut und direkt hinter mir. Ich fuhr herum, sprang auf die Füße, machte mich kerzengrade und wurde ein bisschen rot. Es muss aber auch alarmierend ausgesehen haben, zugegeben. Ich kniete gerade auf unserem teuren neuen Wohnzimmersofa, den rechten Fuß auf das Wildleder gestemmt, hielt in der linken Hand einen noch tropfenden Blumenstrauß und hatte, vornübergebeugt, den Kopf hinter das Rückenpolster gesteckt.

»Ich, äh, ich rieche«, sagte ich verlegen und stopfte die roten Gerbera in die Bodenvase zurück. »Wie, Du riechst …«

»Nein, nicht ich. Ich rieche, wie's hier riecht!«

Mausis Gesichtsausdruck, zunächst noch belustigt, drückte jetzt ein besorgtes Befremden aus.

»Schau mal, letztes Wochenende, als Rosies Kinder hier waren, da hat unser süßes Enkelkind Stefanie beim Reinkommen gesagt: ›Hier riecht's aber omalich!‹«

»Ja – und? Was soll das heißen?« Margarete schüttelte unwirsch den Kopf und ordnete den Strauß in der Bodenvase neu.

»Das versuche ich ja gerade herauszufinden! Was meint ein fünfjähriges Kind, wenn es bei seinen noch nicht völlig verwesten Großeltern zu Besuch ist und sagt: Hier riecht es omalich?«

»Das kann ich Dir sagen! Den ekligen kalten Pfeifenrauch aus Deinem Arbeitszimmer meint sie!«

Ich bin zwar Rentner, halte aber den zweitgrößten Raum unseres Hauses als Arbeitszimmer. Margarete blieb im Türrahmen stehen, hob das Kinn, schloss die Augen und sog mit geblähten Nasenflügeln die Zimmerluft ein. Was fast ein bisschen erotisch aussah.

»Wenn mehr als ein Jackett von Dir an der Garderobe hängt«, fuhr sie analysierend fort, »stinkt der ganze Flur nach Deinem Billigparfum. Aber … warum musst Du für Deine Enkelin kopfüber auf dem Sofa herumturnen?!«

Ich hob bedauernd die Arme. »Weil ich dachte, sie meint den Wildledergeruch. Oder Dein fauliges Blumenwasser daneben. Oder diese süßlichen Primeln da drin. Oder hinter der Stereo-Anlage ist durch die Betriebswärme eine Maus verschmort. Immerhin, sagte Stefanie, bei uns rieche es omalich. Oma, verstehst Du? Nicht Pfeifenrauch …«

Das hätte ich besser nicht sagen sollen. Mit der rein hypothetischen Annahme, eine Fünfjährige könne zwischen den spezifisch männlichen und den weiblichen Duftnoten zweier Menschen jenseits der 50 unterscheiden, hatte ich meine Gattin im Kern ihrer

Menschenwürde getroffen. Oder mit der missverständlichen Zuordnung von toten Mäusen und Omas, ich weiß es nicht. Jedenfalls folgte ein laut und wahrscheinlich weithin vernehmbarer Vortrag mit eingestreuten Glaubensfragen – »ja glaubst Du vielleicht … – was glaubst Du eigentlich – woher, glaubst Du wohl …« und ähnlichen Formulierungen – zum Thema »Geruchsquellen«.

Salmiak für Textilien, Möbelpolitur für Möbel, Teppich-Schaum auf dem Teppich. Zwiebelrostbraten in der Küche mit defekter Abzugshaube, Knoblauchbrot im Backofen, der nicht mehr exakt schließt, grüner Hering in einer Pfanne, deren Glasdeckel vor Jahrzehnten zu Bruch ging. Rotweinreste im Glas, auf denen sich im Sommer die Fruchtfliegen sammeln.

Meine Vorliebe, mir zum Spätfilm noch ein Döslein Hühnersuppe warmzumachen, kam genauso zur Sprache wie die gebrauchten Handtücher, die als feuchte Knäuel auf dem Badewannenrand kauern. Nicht zu vergessen meine achtlos vor dem Fernseher ausgezogenen Schuhe oder gar Socken. Schließlich, als eine Art Finale furioso, der Satz: »Und wenn Du morgens früh auf dem Klo warst, machst Du zwar nie das Fenster auf, lässt aber immer das Licht an!«

»Ja, ja, Du magst ja Recht haben«, entgegnete ich in bemüht sachlichem Ton, »aber nach alledem riecht's in der Wohnung unserer Tochter auch. Was bitteschön ist der spezifische, äh wie soll ich sagen, Alte-Leute-Geruch hier bei uns?«

Meine Frau Margarete bekam schmale Lippen und einen stechenden Blick.

»Noch«, sagte sie mit Bestimmtheit und schnappte nach Luft, »noch leide ich weder an Blasenschwäche noch an Inkontinenz, falls Du das meinst!« Rrums. Die Tür schlug zu, und weg war sie.

Herrje nein! Darum ging es doch nicht!

Als Rosie uns mit ihrer Tochter zwei Wochen später mal wieder besuchen kam, hatte meine Frau zwei Tonschälchen mit Rosenblättern, Vanilleschoten und Orangenscheiben aufgestellt. Zufällig, klar. Zufällig in der Accessoire-Abteilung eines Möbelhauses entdeckt, wie sie sagte.

»Darf ich das mitnehmen? Bitte! Bitte!« Durch die geöffnete Badezimmertür schrie unser Enkelkind Stefanie. Sie hielt ein Fläschchen Kölnisch Wasser in der Hand. Die altmodische kleine 4711-Karaffe meiner verehrten Frau Margarete!

*Das* war es also.

»Bitte darf ich das haben? Das riecht so schön omalich!«

# Bargeldkauf beim Enkelspielzeug

Ich bin Rentner. Und weiß infolgedessen genau, was Spielsachen und Kinderklamotten kosten. Junge Väter haben meist keinen Schimmer und überreichen ihren Sprösslingen mit großer Geste, was Mama mit Kreditkarte gekauft hat. Aber ich, ich zahle für meine Enkel noch cash.

»238,27 DM!« Das rotgetönte strubbelige Mädchen mit den drei Ringen in der linken Augenbraue schaute routiniert auf das Display ihrer Ladenkasse.

Ich fingerte zwei Hunderter aus dem Portemonnaie und wühlte im Münzfach nach Fünfern. »Da fehlen noch 33,27 DM bitte.« Jetzt schaute sie mich zum ersten Mal an. Peinlich. Ich hatte zuwenig Geld dabei!

»Hier, meine EC-Karte«, sagte ich, während die Kunden hinter mir hörbar aufstöhnten. Ich tippte meinen PIN-Code ein, aber der funktionierte nicht.

Es war Margaretes EC-Karte! Und von der weiß ich die Geheimzahl nicht auswendig.

Warum muss Mausi auch immer mein Portemonnaie benutzen!

Die missmutige Göre am Computer sortierte bereits ein Puppenhaus-Sofa aus der riesigen Plastiktüte aus, um auf einen Betrag unter 205,– DM zu kommen.

Ich bot ihr drei, vier weltweit anerkannte Kreditkarten an – vergeblich.

Schließlich siegte der psychische Druck der Kundin hinter mir, die theatralisch die Augen verdrehte. Erleichtert eilte ich fort vom Ort meiner Schande. Und stellte dann vor dem Kassenautomaten der Tiefgarage fest, dass ich kein Fünfmarkstück mehr besaß, um den Parkschein zu kodieren und das Auto herauszufahren!

Schauen Sie: Wir haben drei erwachsene Kinder, die alle woanders wohnen. Roland, 33, verheiratet, 2 Kinder. Rosie, 28, frisch geschieden, 2 Kinder. Und Elvira, 26, mit Freund, 1 Kind. Macht pro Jahr drei Geburtstage unserer erwachsenen Kinder, zwei der Schwiegerkinder, fünf Geburtstage der kleinen Enkel und 10-mal Weihnachtsgeschenke. Von Gastpräsenten bei der Ankunft zum Wochenend-Besuch und exotischen Mitbringseln bei der Urlaubsrückkehr ganz zu schweigen.

Wir sind aber auch Onkel und Tante. Meine Frau hat eine Schwester mit drei Kindern und vier Enkeln. Und alle haben mindestens einmal im Jahr Geburtstag! Ich selbst habe nur einen jüngeren Bruder, der hat zum Glück noch keine Enkel. Aber vier studierende Söhne! Diese famosen Neffen ziehen dauernd irgendwo ein oder aus. Des Studiums oder der Liebe wegen. Und jedesmal ist ein nützliches, aber geschmackvolles Einzugs-Geschenk fällig. Also ein teures. Findet jedenfalls ihre herzensgute Tante, meine Gattin.

Und ich, ich bin Taufpate bei den Zwillingen einer befreundeten Familie aus der ehemaligen DDR. Damals hat man aus Rührung und Ost/West-Verbundenheit Ja gesagt, aber jetzt – jetzt werden die konfirmiert.

1000,– DM, schätz' ich mal. Für jeden.

So was ging mir an dem Tag durch den Kopf, als Ärztepräsident Karsten Vilmar vom »sozialverträglichen Ableben« alter Leute sprach. Weil wir, die »Rentnerschwemme«, die »Kukident-Kolonne«, eine

26

finanzielle Bedrohung des Sozialstaates seien. Nun gut, meine Empörung wandelte sich zu Häme, als die Gesellschaft für deutsche Sprache das »sozialverträgliche Ableben« zum Unwort-des-Jahres '98 kürte. Aber das Vorurteil ist damit ja nicht aus der Welt geschafft: dass wir Rentner auf Kosten der nachfolgenden Generation leben. Dass wir mehr brauchen, als wir bringen. Es waren doch meine eigenen, selbstverdienten Beiträge zur Rentenversicherung, die in den letzten vierzig Jahren elfmal erhöht wurden!

Kann ich denn was dafür, dass mein ehemaliger Arbeitsplatz gar nicht mehr neu besetzt wurde? Von meiner Abfindung hätte man ein halbes Dutzend Azubis einstellen können, stimmt. Aber deren Arbeit erledigt ja längst der Computer. Der macht dieselben Fehler wie ein Lehrling, bloß: Er lernt nichts draus. Trotzdem installieren die Manager lieber eine neue teure Software, als dass sie junge Leute anstellen. Warum? Weil jetzt niemand mehr schuld ist, wenn was schiefgeht. Nein, nein, mit uns Älteren, die angeblich den Jungen die Arbeitsplätze wegnahmen, hat das gar nichts zu tun.

Ich reihte mich ein zweites Mal in die Käuferschlange an der Kasse des Spielzeugladens ein. Als ich die junge Dame darum bat, einen weiteren Geschenkartikel aus der Plastiktüte auszusortieren und mir bitte den Gegenwert in Fünfmarkstücken zurückzugeben, warf sie mitleidig lächelnd ihr rotbraunes Köpfchen in den Nacken: »Na ja, Sie haben ja auch viel Zeit zum Einkaufen.«

Gaanz ruhig, Franz Rudolf, sagte ich mir. Gaanz ruhig bleiben.

Viel Zeit?! Roland und seine Frau gehen im Februar Skifahren und im Mai auf Städtetour, das bedeutet zwei Wochen Enkel-Hüten für uns. Tochter Rosie hat im März und im September je eine Woche Fortbildung und parkt ihre Gören natürlich bei Oma und Opa, Elviras Kind ist für satte drei Wochen Sommerferien bei uns.

Müssen Wohnungen renoviert, Autos repariert, Dachböden und Keller entrümpelt, Gärten winterfest oder frühlingsreif getrimmt werden – klingelt bei uns das Telefon. Material- und Werkzeugkosten nicht mitgerechnet. Einkaufen und Vorbereiten von 21 Geburtstagen aller Kinder-, Schwieger- und Enkelkinder – summa summarum machen wir bestimmt 75 Tage Familienarbeit im Jahr! Soll ich die mal eben mit dem Tagessatz meines letzten Bruttogehalts berechnen?!

Aber nein! Wie eitel, wie abwegig. Wir Rentner haben doch froh zu sein, dass wir überhaupt noch gebraucht werden. Wenn wir schon unseren Kindern auf der Tasche liegen, dann können wir uns wenigstens beim Geschenke-Einkauf nützlich machen.

Ich stand an dem Tag übrigens noch ein drittes Mal an der Kasse. Mit mehr Bargeld und der richtigen EC-Karte in der Tasche. Und mit zwei CD-ROMS zum Umtauschen. Die eine, so erklärte mir Margarete, würde die Speicherkapazität des Spielecomputers sprengen und die andere wäre von den Anforderungen her zu leicht. Als Rentner weiß ich zwar, was Spielsachen kosten. Aber nicht immer, welche gerade altersgerecht sind.

# Was für den Urlaub
## in den Kulturbeutel muss

Ich bin Rentner. 59, verheiratet mit Margarete, genannt Mausi. Die arbeitet noch. Als Grundschullehrerin. Sie ist mit 51 Jahren die zweitjüngste im Kollegium ihrer Dorfschule, »weil die seit Ende der 70er Jahre ja kaum noch Junglehrer eingestellt haben«, wie sie immer höflich bedauernd sagt. Als müsse meine Frau sich für die Bildungspolitik der letzten zwei Jahrzehnte entschuldigen! Kann sie was dafür, dass ihr korpulenter Kollege mit 57 Lenzen den Sportunterricht an Reck und Barren erteilt, meine Güte?!

Nein nein, was Mausi an Oma-Fähigkeiten entwickelt hat bei unseren Enkeln, das kommt ihr im Unterricht zugute. Insofern ist sie eine gute Lehrerin, glaube ich.

Der einzige Nachteil ihres Jobs: Wir müssen dann Ferien machen, wenn alle Ferien machen. In den Schulferien. Das hat beim Schlangestehn am Abfertigungsschalter der Charterfluggesellschaften frühmorgens um 5.00 Uhr schon zu hässlichem Getuschel Anlass gegeben: »Natürlich: Das Strickjackengeschwader fliegt immer dann, wenn's eh schon voll is! Dabei könnten die immer!« Rentner können aber auch nicht immer, deswegen fahren wir immer schon besonders früh zum Flughafen. Genauer gesagt mitten in der Nacht.

»Zahnbürste, Zahnseide, Zahnstocher, Zahnpasta, Nagelfeile, Nagelknipser, Nagelschere, Nagellack …« Aus dem Badezimmer dringt eine Art liturgisches Murmeln. Buddhistischen Gebeten nicht unähnlich. Margarete packt gerade ihren Kulturbeutel. Die Litanei wird schneller und lauter: »Etui, Föhn, Gel, Haarbürste, Haarspülung, Haarspangen, Haarnetz, Kamm, Lockenstab, Mundwasser, Shampoo, Schaumfestiger, Spray ...«

Eine Lehrerin sortiert so was nach dem Alphabet. Halbwach wuchte ich unsere Schalenkoffer schon mal aus dem Schlafzimmer in den Flur und, nach einer Verschnaufpause, aus dem Flur vor die Haustür. »Ersatzbrille, Brillentuch, Nähzeug, Schuhcreme und -bürste, Flaschenöffner, Korkenzieher, Steckdosenadapter«, höre ich noch im Rausgehen. Nein, doch nicht alphabetisch.

»Willst Du auch eine kleine Seife mit ins Handgepäck nehmen? Dafür hätte ich allerdings keine wasserdichte Schale«, tönt es vernehmlich durch das halbgeöffnete Badezimmerfenster zu mir in die nächtliche Stille hinaus. Ich greife mir mit der rechten Hand an die Herzgegend. Aber nur, um das Vorhandensein der wirklich wichtigen Dinge zu kontrollieren: Tickets, Reisepässe, Geld. Alles in der Brusttasche, o.k.

»Nöö, dann nicht«, rufe ich zurück. Wohl wissend, dass die zweite Seife natürlich doch irgendwie mitkommen wird. Im Haus gegenüber knipst jemand Licht an. Muss das Schlafzimmer von diesem pensionierten Oberverwaltungsrat aus dem Liegenschaftsamt sein, denke ich. Das schräg gekippte Fenster hinter mir wird krachend geschlossen und plötzlich ganz geöffnet. Mausis Kopf erscheint als Silhouette im Holzrahmen: »Haftcreme? Gebissreiniger? Heftpflaster? Schmerztabletten? Deine Magentropfen und was für den Kreislauf, wenn's so heiß wird? Fußspray gegen Pilzinfektion am Swimming Pool hab ich schon!«

Die Stimme meiner Gattin ist mir aus 31 glücklichen Ehejahren vertraut und normalerweise nie unangenehm. Jetzt aber zerreißt ihr Klang die jungfräuliche Morgenstille dieses ersten Urlaubstages so grausam, dass ich gereizt herumfahre: »Pssst, Menschenskind! Es ist viertel nach vier. Komm jetzt endlich!«

Oder war es der Inhalt ihrer Worte, der mich ärgerlich macht? Ich habe nämlich noch keine dritten Zähne! Lediglich links oben hinten eine herausnehmbare Platte. Teurer als dieser ganze Urlaub, weiß Gott.

»Guck' lieber noch mal, ob die Versicherungskarten da sind!«, zische ich halblaut hinterher, aber da ist das Badezimmerfenster bereits wieder rumpelnd geschlossen worden. In der Häuserfront schräg gegenüber sind jetzt zwei Fenster erleuchtet.

Das addierte sich dann, glaube ich, auf vier oder fünf wache Nachbarn, als das Taxi kam, der Fahrer ausstieg und vom Gartenzaun aus fragend unseren Namen brüllte. Endlich wussten alle, wer hier was in den Urlaub mitnimmt!

Vor den noch lange geschlossenen Schaltern in der Abflughalle diskutierten wir, ob man Wasser, das kein Trinkwasser ist, zum Zähneputzen benutzen darf und warum ich nie Taschentücher bei mir trage. »Ältere Menschen haben ein verrückt übersteigertes Sicherheitsbedürfnis«, knurrte ich. »Und sie werden vergesslich!«, gab Mausi zurück. Inzwischen hatte sich eine junge Familie mit riesigen Pamperskartons und Zwillingen im Buggy vorgedrängelt. Margarete meinte, den Mann kenne sie von irgendeiner Fortbildung her.

Im Flugzeug gab es übrigens auf der Toilette jede Menge Parfum, Handlotion und Seife, die Stewardessen brachten erst Erfrischungstücher und dann kurz vor der Landung ein komplettes Wasch-Necessaire mit Einmalzahnbürste und niedlichen Zahnpastatübchen; die kleinen Weinflaschen zum Essen hatten Schraubverschlüsse, die Servietten steckte ich mir als Taschentücher ein, und in unserem Hotel am Strand gab's überall Trinkwasserqualität, einen Shampoospender in der Dusche und einen Föhn an der Wand.

Steckdosen-Adapter, Nähzeug und Heftpflaster lagen in der Schublade.

Meine Zahnprothese und ihre Haftcreme mussten sich nur einmal wirklich heldenhaft bewähren, als ich eins dieser verdammten vakuumverschweißten Päckchen Erdnüsse mit den Zähnen aufriss.

Das einzige, was wir nicht dabei hatten, brauchte eine hübsche junge Lehrerin neben uns auf dem Heimflug. Die war auch pünktlich zum Ferienbeginn gestartet, obwohl sie arbeitslos ist, wie sie uns erzählte. Der Flieger sackte ein paarmal elend durch, da fragte sie mit bleicher Miene und schweißnasser Stirn: »Hätten Sie zufällig ein paar Reisetabletten für mich?« »Ach, das tut mir aber leid«, sagte meine Frau höflich bedauernd, «Reisetabletten brauchen wir eigentlich nie!«

Ich weiß nicht genau, ob meine Mausi dabei entschuldigend oder auch ein bisschen stolz dreingeschaut hat. Die Kollegin war nämlich bestimmt 25 Jahre jünger als wir.

# Gartenarbeit: Die Apfelernte

Ich bin Rentner. Ich sollte also Freude empfinden und Zeit haben für die Gartenarbeit. Hab ich aber nicht!

Wir haben einen Garten, sicher. Gut 300 Quadratmeter Rasen mit vier Bäumen drauf. Trotzdem sitze ich Samstag nachmittags lieber in der gedankenvollen Stille raschelnder Tageszeitungen, als in nervtötendem Lärm dem dröhnenden Rasenmäher hinterherzustapfen ... Immer in Sorge, er könne beim Zurückfahren oder Wenden sein eigenes Elektrokabel mitmähen. Also trage ich das Kabel in großen Schleifen in der Hand, werfe es bisweilen wie ein Lasso irgendwohin und komme mir vor wie ein Cowboy zu Fuß. Vor drei, vier Jahren ist sie nämlich mal wirklich passiert, diese, wie soll ich sagen, elektrische Selbstkastration unseres Rasenmähers. Zack, Motor aus! Sicherung im Keller raus, Angst, das grasnasse Kabel anzufassen. Dann drei Wochen das Gerät nicht zur Reparatur gebracht. Dann drei Wochen vergessen, ihn dort abzuholen. Da war das Gras inzwischen schon viel zu hoch geschossen, um es noch mit dem Rasenmäher mähen zu können!

Nun hat meine Frau eine flüchtige Bekannte, und die hat einen steinalten Vater, und der hat eine Sense. »Linke Hand an den oberen Holm, rechte an den unteren und jetzt mit Schwung!«, keifte der Greis. »Von rechts nach links, dicht überm Boden, überm *Boden*!! Sonst schneidet's ja nicht ...« Nassgeschwitzt hackte ich mit der Sense in unserer Wiese herum, und als ich den Dreh raus hatte, war die Schneide stumpf.

»Ich liebe es, Schatz, wenn so ein bisschen Heu-Geruch durch das Fenster hereinweht«, seufzte Mausi hinterher, »hier riecht es wie auf einer Alm!« »Stimmt«, brummte ich, »aber es sieht aus wie nach einem Bundeswehrmanöver.«

Ich weiß nicht, ob nur noch wir Älteren die Öko-Romantiker sind, die für ein bisschen Naturgefühl jedwede Unbill auf sich nehmen, während unsere Kinder zwar umweltbewusste, aber beinhart effiziente Öko-Realisten geworden sind.

»Papa! Was turnst Du denn da oben auf der Leiter rum?!« Das war die Begrüßung.

Elvira, unsere Jüngste, 26, kam ausnahmsweise mal ohne ihren Lebensabschnittsgefährten zu Besuch. Ich weiß, man sagt besser nichts über Männer, die Schwiegersöhne zu werden drohen. Aber wenn dieser dösige Teilzeitlover nicht mitkommt, ist Elvira entspannter. Und ich unterhalte mich gern mit ihr. Das geht aber nicht, wenn ich im Garten Äpfel pflücken muss.

»Franz Rudolf holt das Einkellerungsobst runter«, erklärte meine Frau, die gerade mit einem Tablett Kaffee und Kuchen auf die Terrasse kam.

Warm und mild leuchtete die Septembersonne.

»Warum schüttelt er sie nicht einfach mit der Hacke runter?«

»Das tut er ja auch noch – nachher. Vorsichtig von Hand pflückt man Äpfel zum Essen. Und dann schüttelt man das Fallobst zum Saften. Fast zwei Zentner pro Baum. Magst Du Sahne zum Kaffee?«

Ängstlich auf der obersten Sprosse balancierend, gab ich mir Mühe, zwischen zudringlichen Wespen und unerreichbaren Äpfeln nicht selbst zum Fallobst zu werden.

»Papa riskiert Kopf und Kragen, wuchtet das Zeug ins Auto, kutschiert drei, vier Mal zur Süßmosterei – und was habt Ihr davon?«

Meine Tochter klang besorgt.

»12,– DM pro Doppelzentner!«, schrie ich aus der Baumkrone. »Hallo Elvira!«

Die kurzzeitig eintretende Gesprächspause sprach Bände. Frischgepresster eigener Apfelsaft verursacht Magenkneifen, Blähungen und Durchfall. Er gärt mit der Zeit, aber Apfelmost mag niemand von uns.

Einunddreißig Mal ist es Herbst geworden in meiner glücklichen Ehe mit Margarete, und mal hat sie, mal habe ich festgestellt, dass sich die Plackerei nicht lohnt.

»Im Laden kostet eine Flasche Apfelsaft kaum 'ne Mark, und es dauert fünf Minuten, sie einzukaufen, hihihi …« Elvira beendet ihre Sätze manchmal mit einem wunderbaren, glockenhellen Lachen.

Ihre Mutter wusste nichts zu entgegnen, stand auf und nahm mir mit hochgereckten Armen den schweren Korb ab. »Es ist ja nur einmal im Jahr«, schnaufte sie und stieß versehentlich an die Leiter, sodass ich mich blitzschnell an einem Ast festkrallen musste. »Und Apfelbäume sind immer noch besser als der blöde Nussbaum da drüben. Von dem haben wir gar nichts.«

Das, mit Verlaub, stimmt nicht. Wir hatten von ihm zwar noch keine einzige Walnuss, aber jedes Jahr tonnenweise Laub! Das wegen seiner dickstieligen, riesen-

großen Blätter nicht vermodert, sondern nach drei, vier Regennächten erst mal den Kanalgulli verstopft.

Und was heißt »einmal im Jahr«? Wer steht denn im Januar oder Februar schon wieder auf dieser wackligen Leiter und schneidet mit der eiskalten Baumsäge in den eiskalten Fingern die verwachsenen Äste ab?

»Wenn Tom und ich ...«, sagte Elvira mit vollem Mund, »erst mal länger zusammen sind ...« – jetzt nahm sie einen Schluck Kaffee, sodass ich in meiner Baumkrone mucksmäuschenstill sein musste, um sie zu hören –, »dann krempelt der Euch diesen Quatsch vielleicht ganz toll um. Streuobstgärten sind total out. Ein schicker Steingarten, terrassenartig, mit 'nem kleinen Teich und chinesischen Skulpturen – das bringt's! Letzte Woche hat er seinen Examenstermin gekriegt. Dann isser Gartenbau-Architekt, Mama!«

Ich werde den Kerl mit einem Rasenmäher-Kabel fesseln und ihn mit der Sense attackieren, dachte ich. Gartenbau-Architekt! Erst hat dieses entschlusslose Jüngelchen Kunst studiert und abgebrochen, dann die volle Architektur nur halb, und jetzt Gartenbau, jaja! Ich hätte ihn von der Leiter schubsen und mit vergorenem Apfelsaft vergiften sollen, dachte ich. Elvira weiß offenbar nicht, dass falsche Lebensgefährten wie richtige Gärten sind: Machen dauernd Arbeit, und ob es sich lohnt, ist Ansichtssache.

»Wenn Ihr erst mal länger zusammen seid«, sagte ich, wischte mir mit dem Handrücken den Schweiß von der Stirn und setzte mich in das Kaffeekränzchen, »und bis Tom sich entschlossen hat, Dich zu heiraten, ist dieser Garten längst von selbst versteinert!«

# Fahrrad fahren,
## früher und heute

Ich bin Rentner. Geboren 1940. Es müssen frühkindliche Gründe sein, warum ich beim Stichwort »Fahrrad fahren« immer zuerst mal an »Essen« denke. Wenn Mutter mit quietschender Kette und klapperndem Schutzblech auf den Hof gefahren kam, dann war sie zum Hamstern unterwegs gewesen. In der sogenannten »schlechten Zeit« zwischen Kriegsende und Währungsreform. Nähgarn und Schrauben gegen Eier und Kartoffeln.

Ein Fahrrad näherte sich?

Das versprach Gutes. Dann gab's was zu essen. Niemand fuhr aus Vergnügen, alle radelten aus Not. Weshalb ich noch heute eine Radtour zuerst mal mit dem Schmieren dicker Käse- und Salami-Stullen vorbereite. Das ist unmodern, wie ich inzwischen weiß.

»9 Kilo Carbonrahmen und kein Gramm mehr. Kostet aber auch fast 3000,– DM.« Verwirrt betätigte ich die Rücktrittbremse meines uralten Fahrrads und kam neben meiner Frau zu stehen. Sie war ein paar hundert Meter vorausgefahren und hatte offenbar einen Bekannten getroffen. Ein Mann mit braungebrannter Glatze und einer blauspiegelnden Sonnenbrille, durchgängig von einem Ohr zum andern. Sah aus wie ein gläserner Haarreif, der ihm über die Augen gerutscht war. 9 Kilo Carbonara? Aber warum so teuer, dachte ich.

»Schau mal, Schatz, der Herr Rollmüller macht auch eine Radtour!«, flötete Mausi. Ich nickte eine kurze Begrüßung. Das soll derselbe Rollmüller sein, den wir neulich im Theater trafen? Hätte ich nie im Leben wiedererkannt.

Sein fassrunder Schmerbauch steckte in einem knallroten Trikot, die kurze schwarze Rennradler-Hose glänzte feucht und edel wie das Fell eines Panthers.

»Dreifaches Kettenblatt vorne, 7 Ritzel hinten, Hohlkammerfelgen sowieso und dann 5 bis 6 Atü auf die 20-Millimeter-Reifen, aber hallo!«, grinste Herr Rollmüller. Meine Frau schaute bewundernd auf das zerbrechlich wirkende Gestänge zwischen seinen Beinen. Je schwerer der Fahrer, umso leichter das Rennrad, dachte ich. So richtig absteigen konnte der Mensch nicht, denn seine ballettartig zierlichen Sportschühchen waren irgendwie an den Pedalen festgeschnallt. »Da hinten kommt mein Sohn«, rief Rollmüller aus, als ein knallbunter Kugelblitz in tiefgebückter Haltung sekundenschnell heranrauschte.

Wir wurden einander vorgestellt, und Schweißtropfen spritzten umher, als der junge Mann seinen türkisfarbenen Fahrradhelm abnahm.

»Oversize-Alu-Rahmen mit Shimano-RSX-Tretkurbeln«, erklärte Rollmüller mit Blick auf das Rad seines Juniors. »18 Gänge. Schalten und Bremsen integriert, da nimmt man auf den ersten 40 Kilometern die Hände gar nicht erst vom Lenker.«

Ich nahm mit beiden Händen den Rucksack aus dem Einkaufskorb vor meinem Lenker und öffnete die Tupperdose mit den hartgekochten Eiern.

40

Die Gesichter der zwei verhinderten Jan Ullrichs wurden irgendwie streng.

»Schau mal, wie ruhig der See heute ist«, hätte ich zu meiner Frau gerne gesagt, oder »Schön, wie die Sonne auf dem Wasser glitzert« oder so etwas. Direkt neben dem Radweg am Ufer hatte ich nämlich ein wunderschönes Picknickplätzchen entdeckt. Aber die plötzlich beklommene Stille zwischen uns vieren ließ solche Romantik unpassend erscheinen.

Rollmüllers Sohn öffnete zischend eine Dose Energy-Drink, trank sie energisch aus und rülpste ungeniert.

Gerade wollte Mausi mir den Thermoskannendeckel voll herrlich heißem Milchkaffee reichen, da rissen die beiden Rollmüllers panisch ihre Rennräder in die Uferbepflanzung. Ich hechtete mich blitzschnell auf die Böschung gegenüber: Vier oder fünf Inlineskater schossen mit weitschwingenden Armen im Gleichschritt hintereinander heran. Ihre Sturzhelme, Sonnenbrillen, Knie- und Ellbogenschützer in Grauschwarz sahen martialisch-militärisch aus. Wwwuschhh –wwwusschh – wwwuschh – wie ein ICE der Fahrradwege donnerte der Zug an uns vorbei.

»Nylon-Fiberglas-Schienen mit 74 Millimeter-A-8-Clear-Color-Rollen«, sagte Herr Sohnemann und sah den Speedskatern anerkennend hinterher.

»Wahrscheinlich in AB-EC-1-Lagern mit integriertem Binding System«, fügte sein Vater hinzu und nickte mehrmals bedeutungsschwer.

Ich schnappte nach Luft und rappelte mich mühsam wieder auf.

»So kraftvoll, so elegant«, staunte Margarete, während die Skaterkolonne als rhythmisch hin- und herpendelnder Punkt am Horizont verschwand.

»Die sehen aus wie Eisschnellläufer bei den Winterspielen!«

Ich griff nach der Gurke und dem kleinen Küchenmesser. »Wie eine Anti-Terror-Einheit auf Rollschuhen«, brummte ich, »mindestens 50 Stundenkilometer schnell. Lebensgefährlich so was! Hast Du auch einen Salzstreuer eingepackt, Liebling?«

Der fette bunte Glatzkopf und sein öliger Sprössling wurden unruhig.

»Auf geht's, Junge. Die nächste Etappe wird die Hölle!«, hörte ich Herrn Rollmüller noch sagen, dann waren sie weg. Lautlos und zügig.

Eigentlich hätte ich jetzt das Picknick mit meiner Gattin still genießen können. Aber irgendwie war die Luft raus. »Kein Mensch fährt mehr Fahrrad, um die Landschaft zu sehen!«, maulte ich, »überall rasen leistungsgeile, narzisstische Angeber herum!«

Margarete lachte kopfschüttelnd. »Mach Dich nicht lächerlich, Schatz. Herr Rollmüller ist in Deinem Alter, hat eine große Bauschreinerei mit zig Angestellten und wird die Firma nächstes Jahr seinem Sohn übergeben.

Ist doch toll, wenn er darüber in Ruhe mit ihm spricht. Nachfolge-Regelungen im Management sind heikel, der Alte muss schrittweise die Verantwortung übertragen, und so eine Radtour ist eine gute Gelegenheit, um …«

Mir blieb schier das Salamibrötchen im Hals stecken.

In Ruhe miteinander reden? Während man Tour de France für Arme spielt und nur technischen Schnickschnack im Kopf hat?

Missmutig betrachtete ich meinen Drahtesel. Früher hatte er noch wuchtige Satteltaschen rechts und links. Wie für Hamsterfahrten in der schlechten Zeit. Mit katholischen Studenten war ich Anfang der Sechziger mal auf eine Fahrradfreizeit mitgefahren. Mit einem St.-Stefans-Wimpel an langer Fahnenstange, ja ernsthaft!

Ich bin der letzte Radfahrer unter lauter Bikern, dachte ich.

Wie ein Mensch von vor der Währungsreform. Jemand, der radelt, um zum Essen zu kommen.

# Und was machen die Kinder?

Ich bin Rentner. Erst 59, aber Rentner. Das bedeutet: Ich werde von entfernt wohnenden Freunden am Telefon nur noch selten gefragt: »Und? Was machst Du gerade?«

Ich werde aber dauernd gefragt: »Und? Was machen die Kinder?«

»Ja Menschenskind, woher soll ich das wissen?!!«, würde ich da am liebsten antworten. »Die sind erwachsen. Frag sie selbst!« Aber das hat mir Mausi verboten. Streng verboten. Dabei hab' ich's noch nie gesagt, nur manchmal sagen wollen. »Du tust gerade so, als hätten wir ein schlechtes Verhältnis zu ihnen!«, empörte sich meine Frau, als ich ihr sagte, dass ich das mal sagen wolle. »Dann sag' ich eben am Telefon: Hallo, also was unsere Kinder gerade machen, wissen wir nicht, wahrscheinlich geht's ihnen gut, sonst wüssten wir was, unser Verhältnis ist aber herzlich. Interessiert Euch auch noch, was wir so machen? Ciao!«

Das fand Margarete zynisch. Und albern. Und narzisstisch gekränkt.

*Ihr* macht es scheinbar überhaupt nichts aus, dass wir nach einer grandiosen Studienreise, nach der Anschaffung eines neuen Autos, nach einer dramatischen Wohnzimmer-Renovierung, nach einer überstandenen Grippe von vielen erst mal gefragt werden: »Und? Wie geht's Euern Dreien?«

Das Telefon schnarrt und – meine Gattin kann losplaudern: »Ach, unser Roland schafft ja manchmal 30

Stunden am Stück im Krankenhaus, Kardiologen müssen sich das viele Geld ja auch sauer verdienen; und Rosie, die mittlere, organisiert als Alleinerziehende unsere zwei Enkelchen wirklich vorbildlich ...« Den Rest des Telefonats kann ich größtenteils auswendig mitsprechen: »... der geht's so lala, ihr Ex-Mann hat soweit wir wissen noch keine neue Frau, macht rege von seinem Besuchsrecht Gebrauch; Tochter Elvira, 26, geht's prima, hat soweit wir wissen einen neuen Freund, macht leider kaum von ihrem Studium Gebrauch; alle drei rufen aber öfter mal an, doch doch, und insgesamt und generell und ach und na ja ...«

Einmal, während Mausi so telefonierte, lag ich mit der Zeitung auf dem Sofa und las gerade einen Konzertbericht über die Rolling Stones.

»Was machen eigentlich die Blagen von Mick Jagger?«, fragte ich halblaut, »der ist nur vier Jahre jünger als ich! Oder Cliff Richard, 60! Ach, der hat keine. Aber Marius Müller-Westernhagen hat welche, oder?«

Ist doch wahr: Das sind alles Männer im Frührentner-Alter, die machen noch was und davon spricht man auch! Erzählenswerte Erlebnisse. Tätigkeiten, die der Rede wert sind. Theodor Fontane war 70, als er »Effi Briest« schrieb, Michelangelo war 71, als er mit dem Petersdom anfing.

»Bitte?« Mausi wölbte ihre rechte Hand über die Telefonhörermuschel und drehte sich fragend zu mir herum. Ich hob den Kopf über den Zeitungsrand:

»Wie ging es den Kindern von Konrad Adenauer, als er mit 85 seine letzte Bundestagswahl gewann?«

Meine Frau sah mich an, als sei ein Außerirdischer auf dem Sofa gelandet.

Ich weiß, ich weiß: Sie werden jetzt einwenden, ältere Menschen würden doch tatsächlich von und in den Erlebnissen ihrer Kinder leben. Weil die, wie man so sagt, »voll im Leben stehen«. Ja meine Güte, stehe ich etwa nur noch halb im Leben?

Sie werden vielleicht einwenden, wir sollten doch froh sein, dass uns unsere erwachsenen Kinder überhaupt noch erzählen, was sie so machen.

Jaja, das sind wir ja auch. Aber vielleicht, dachte ich selbstmitleidig und ließ die Zeitung zu Boden sinken, vielleicht fragt man Rentner eben nicht mehr, was sie *machen*, sondern was sie *haben*. Was sie von ihren Kindern zu erzählen haben, ob sie körperliche Beschwerden haben und was sie so ganz ohne Berufsstress eigentlich vorhaben.

Haben wir keine Wehwehchen und obendrein nichts vor, dann haben wir also viel Zeit. Haben wir diese Zeit aber ereignisreich verbracht – beim Bergwandern im Wilden Kaiser, auf einer knallwitzigen Goldenen Hochzeit in Berlin, bei der Premiere einer neuen Operninszenierung – fragt kaum jemand danach. Und ungefragt angeben, wo wir überall waren, das mögen wir beide nicht.

»Vielleicht«, schmunzelte meine Margarete am Ende dieses Tages, als wir die gröbsten Missverständnisse ausgeräumt hatten, »vielleicht ist das eine Art Retourkutsche des Lebens. Denk mal, vor 26, 27 Jahren: Unsere beiden Großen waren noch klein, Elvira war noch gar nicht geboren – da fragten Dich die Kollegen: ›Wie geht es Dir?‹, und Du hast geantwortet: ›Roland hat Masern!‹ Ich wurde gefragt: ›Was machst Du so?‹, und sagte sofort: ›Rosie muss zum Impfen.‹«

Ich nickte versonnen. Mausi nahm einen Schluck Frascati.

»Man interessierte sich für uns – und wir erzählten sofort von den Kindern! Das haben die Leute gelernt und behalten, also beschwer' Dich nicht, wenn sie jetzt immer erst mal nach den Kindern fragen.«

# Wenn Ferienheimkehrer
## ihre Fotos zeigen

Ich bin Rentner. Und finde den erzieherischen Grundsatz »Kinder soll man nie belügen« auch dann richtig, wenn die Kinder nicht mehr erzogen werden müssen. Ehrlichkeit ist nie verkehrt. Bloß: Sie ist manchmal schwer durchzuhalten.

Ich freue mich zum Beispiel ehrlich darüber, dass unsere mittlere Tochter Rosie kurz nach ihrer Scheidung mit einem befreundeten jungen Ehepaar in Urlaub fuhr.

Also mitgenommen wurde. Ob ein frischgebackenes Pärchen sich dabei immer wohlfühlt, geht mich nichts an. Ob Rosie sich manchmal wie ein drittes Rad am Tandem fühlte, frag' ich sie nicht. Und wer eventuell da was für wen fühlte, will ich nicht wissen. Auf jeden Fall waren die drei in Südengland und London. Und Rosies zwei kleine Kinder waren bei uns. Und offenbar hat es allen gut getan. Zu dritt.

»Um auch die architektonisch schöne Spitze draufzukriegen, fehlte mir ein Weitwinkelobjektiv.« Kalle Banghauser, der Mann von dem Ehepaar – »Rosies Freund«, wenn man so will, aber so will man ja nicht –, Kalle Banghauser also legt begeistert Farbfotos auf den Kaffeetisch.

Ich sehe den mittleren Abschnitt eines viereckigen braunen Turms mit dem waagerecht halbierten Zifferblatt einer riesigen Uhr und sage:

»Das muss der Big Ben sein, stimmt's!? «

Es sind farbige Papierabzüge aus einer Kamera, die keinen Film mehr braucht, sondern einen Magnetstreifen belichtet, dessen Daten man dann auf eine Diskette laden kann. »Die Bilder schaut sich der Kalle erst mal auf dem Computer an und kann dann entscheiden, welche er nimmt und wie er die elektronisch nachbearbeiten will!«, piepst Rosies Freundin, die … die … also die junge Frau Banghauser. Vornamen entfallen mir immer so leicht.

Sie scheint mehr der Fan ihres Mannes als seine Frau zu sein. Wesentlich jünger, völlig auf ihn fixiert, sagt immer »mein Kalle« oder »der Kalle« und wiederholt seine letzten Halbsätze manchmal wie ein Echo.

Das computergestützte Nachbearbeiten hilft aber nichts, wenn einer wahllos in die Gegend geknipst hat. Frau Banghauser reicht mir ein Foto von der Wachablösung der Bärenfellmützen am Buckingham-Palast. Leider läuft gerade ein breitschultriger Tourist in gelber Regenjacke durchs Bild. Am Piccadilly Circus fährt ein riesiger grauer Möbelwagen in den Kreisverkehr ein, und die Tower Bridge ist verwackelt, »weil ich sie vom Boot aus fotografiert habe, auf der Themse«, wie Kalle achselzuckend erläutert. Macht nichts. Ich weiß ja, wie die Tower Bridge aussieht. Und die St. Pauls Cathedral. Und der Trafalgar Square. Ich weiß auch, wie meine Tochter Rosie, inzwischen 30, aussieht.

Nur, welches T-Shirt sie im Britischen Museum anhatte, wusste ich nicht. Aber das zeigen mir ja jetzt die Beweisfotos. Die sich leider nicht in einer Polizeiakte, sondern auf unserem Kaffeetisch stapeln.

»Schön, schön, schön«, kommentiert meine Frau die inzwischen fast halbstündige Darbietung hundsmiserabler Urlaubsfotos.

Unsere Tochter ist verdächtig einsilbig.

Zwischen der vierten und fünften Tasse Kaffee habe ich den Eindruck, als würde Rosie nicht die Bilder, sondern mich beobachten. Sie belauert mich, sie will wissen, wie ehrlich ich bin und was ich von ihren Freunden, den Banghausers, halte. Blöderweise muss ich just in diesem Moment ein Gähnen unterdrücken.

»Hast Du den koffeinfreien genommen?«, frage ich Margarete streng und schaue stirnrunzelnd in die geleerte Tasse. Unsere Standuhr schlägt fünf Mal.

Ich bekomme die graublau unscharfe Abbildung eines quaderförmigen Behälters mit Tür und Fenster. »Das war unsere Ferienwohnung zwischen Eastbourne und Brighton. Mit Zimmerterrasse, parterre, ging direkt auf die Dünen raus!«

Kalle dröhnt, seine Frau himmelt ihn an, Rosie hat sich zurückgelehnt.

»So eine Bude hatten wir mal in Spanien«, schaltet sich meine Gattin ein, »und weil die Terrassentür nicht hundertprozentig dicht war, kamen die Ameisen und Sandflöhe direkt aus den Dünen rein.«

»Stimmt«, füge ich hinzu, »und von der Landseite her kam abends der Geruch von ranzigem Olivenöl rein! Wand an Wand nebenan war eine Kneipe mit Bowlingbahn. Nachts dachte ich immer, mir fährt ein Güterzug durch den Schädel.«

Ich erzähle das, um die drei zu ihrem hoffentlich besseren Häuschen in England zu beglückwünschen.

51

Ich meine das ganz positiv, will irgend was Lustiges beisteuern. Frau Banghauser schaut verunsichert ihren Kalle an. Der hat gar nicht zugehört. Rosie grinst. Erinnert sie sich?

An unsere herrlichen Familienurlaube?

Ich erinnere mich plötzlich daran, dass ich als kleines Kind Angst hatte vor alten Männern, weil manche so mürrisch wirkten. Als Teenager hielt ich Abstand zu alten Männern, weil sie so herrisch wirkten. Und als junger Doktorand in der Firma empfand ich Abneigung gegen alte Männer, weil sie so kritisch wirkten.

Sei jetzt bloß nicht sarkastisch, reiße ich mich im Geiste zusammen, sei nicht so skeptisch! Sei nett zu diesen jungen Leuten. Sie haben schließlich deine gestrandete Tochter kurz nach der Scheidung mit in den Urlaub genommen!

Ich schiebe die Kuchenplatte mit Apfelstrudel zu Frau Banghauser hinüber. Sie lächelt, zögert, und als ihr Mann großzügig nickt, nimmt sie ein Stück.

»Also, was diese modernen Kameras alles können!«, dröhne nun auch ich, als sie mir, gleichsam im Gegenzug, ein Foto von Rosie gibt. Gegen den Sonnenuntergang, mit Lichtreflexionen, hockt sie vor der Brandung der südenglischen Küste. Irgendwie einsam. Wegen der Unterbelichtung ist zwar sowieso nicht viel zu erkennen, aber ich finde, meine Rosie hockt da einsam.

»Franz? Fraahaanz. Telefon!« Margarete war aufgestanden, der Apparat muss geklingelt haben – nichts davon hatte ich bemerkt. Als sie mir den Hörer quer über den Tisch reicht, ist Klaus Wollnitzer dran. 62, ein alter Freund von uns.

»Ja. Ja. Danke, gut. Rosie ist mit einem, äh, mit zwei Freunden hier und zeigt uns gerade ihre Englandfotos. Die war doch in London, ja. Digital aufgenommen, ganz tolle Bilder, ja. Und was nichts geworden ist, kann man am PC nachbearbeiten. Kannte ich auch noch nicht, nee. Sehr schön, ja.«

Mir ist plötzlich heiß. Und das nicht von zu viel Kaffee. Aber kann ich was dafür, gegenüber Freunden und Kindern nicht immer ehrlich zu sein?

# Alt-68er und Biobeet

Wir sind Rentner. Halt, das ist falsch. *Ich* bin Frührentner, und meine Frau ist Grundschullehrerin. 51 Jahre alt. Sie hat mit ihren Erstklässlern in jedem Frühjahr Kresse-Samen auf gewässerter Watte angesetzt, mit den Zweitklässlern Sonnenblumenkerne in Tontöpfchen herangezogen und mit den Drittklässlern gehofft, dass auf der Fensterbank im Klassenzimmer Tomatenstauden sprießen. Und über alledem noch den Verdacht ihrer Kollegen ertragen, als Frau eines promovierten Chemikers wahrscheinlich mit Düngemitteln und Pestiziden nachgeholfen zu haben.

»Das ist ja sa-gen-haft! Wie 'ne Eins stehen die Stauden da! Wunderschön, wenn Mann und Frau einen Garten hegen! Franz-Rudolf, ich sage Dir: Den Wert eines gemeinsamen pflegerischen Hobbies hab ich ja erst in meiner zweiten Ehe entdeckt. Ein Gedicht! Einfach ein Gedicht!«

Klaus Wollnitzer umrundete mehrmals das Gemüsebeet meiner Gattin. Mausi hat ein knappes Viertel unseres Gartens mit Kopfsalat, Gurken, Radieschen und Kohlrabi eingesät.

»Äh, jaja ...« Ich war völlig perplex.

Klaus, die »linke Laus«, sagten wir immer. Mein drei Jahre älterer Kommilitone aus Berlin. 1967 stand er hinter einem Tapeziertisch mit KPDML-Flugblättern und Mao-Bibeln in der Mensa. »KaWumm« nannten wir ihn auch, wegen der Anfangsbuchstaben seines Namens und der Sympathie für Baader und Meinhof. 1968, kurz vor unserer Hochzeit, machte er uns Vorwürfe, die Ehe sei ein chauvinistisches Herrschaftsinstrument der Bourgeoisie, und Hochzeitsgeschenke-Annehmen sei ein reaktionärer Kniefall vor dem Konsumterror. Seine Glückwunschkarte war das Foto der Kommune 1, wie sie alle nackt mit gespreizten Beinen an der Wand lehnten. Na ja, als er von der KPD zu den Grünen wechselte und ihn kein Radikalenerlass mehr daran hinderte, Studienrat zu werden, näherten sich Klaus und Margarete wieder mehr an. Als Otto Schily zur SPD ging und Jutta von Ditfurth beinah die Grünen spaltete, trat Klaus Wollnitzer noch mal aus seiner Partei aus.

Aber dass er sich jetzt an den Ergebnissen kleinbürgerlicher Gartenpflege so delektieren konnte?!

»Seit es kein E 605 mehr im Landhandel gibt, nehm ich Karbidsteine gegen die Mäuse!«, rief er aus gebückter Haltung und streichelte zwei Erdbeerstauden.

Klaus Wollnitzer! Der 1977 mit Bolzenschneider am Bauzaun des Atomkraftwerks Brokdorf stand und auf Geheiß von Schleswig Holsteins damaligem Innenminister Stoltenberg aus Polizei-Hubschraubern mit Reizgas besprüht worden war, woraufhin er mir quasi die Freundschaft kündigte, als hätte ich die chemische Keule erfunden – der geht als 62-Jähriger mit Acetylengas aus aufgeschäumtem Karbid gegen Wühlmäuse im Garten vor?

»Ach. Tatsächlich!«, sagte ich schafsblöde.

»Ja oder nicht? Wie killst Du denn die verdammten kleinen Viecher?«

Klaus richtete sich auf. Seine graugelockten Haare fielen noch immer eine Spur zu voll und lang in den feisten Nacken, die kreisrunden dicken Gläser der Nickelbrille von einst wurden jetzt von einem Designergestell gehalten, aber der stechende Blick und dieses radikal-revolutionäre Blitzen seiner Augen – die galten offenbar nicht mehr den amerikanischen Imperialisten in Vietnam oder dem Springerkonzern, sondern den Schädlingen von Kopfsalat und Gurke.

»Äh, Klaus, *ich* kille überhaupt keine Wühlmäuse«, warf ich ein. »Für mich und meine Profession sind diese Beete ...«

Ich stockte. Eine unangenehme Erinnerung stieg in mir hoch.

Ja, Mausi hatte dieses sogenannte Bio-Beet angelegt, kurz nachdem die Umweltkatastrophe von Sandoz in Basel passierte. Unsere Kinder schämten sich in der Schule dafür, dass ihr Vater bei einem Chemie-Giganten arbeitete, und fingen an, mir die Liste der Inhaltsstoffe auf den Etiketten sämtlicher Lebensmittelverpackungen vorzulesen. Wie eine Anklageschrift trugen sie das vor. Ich erklärte, mit völlig anderen Produkten zu tun zu haben, aber es blieb dabei: Papa ist Chemiker, also an allen Umweltsauereien irgendwie mitschuldig. Und Mausi grub plötzlich den Rasen um und schwärmte von »ungespritztem Salat aus eigenem Anbau«. Ich weiß noch, wie alle 18 Köpfe gleichzeitig reif wurden und es tagelang nur Salat gab.

Klaus Wollnitzer roch an einem Kräutertöpfchen. »Dann müßt Ihr Fallen aufstellen. Schnapp – und das Rückgrat ist durch. Kann man mehrfach verwenden.«

Der Killer!, dachte ich theatralisch. Und sah ihn im Geiste 1981 beim Evangelischen Kirchentag in Hamburg, wie seine Abiturienten kleine Plastikbeutel mit Ochsenblut auf Verteidigungsminister Apel warfen und mit Ölfarbe »Mörder« aufs Kriegerdenkmal am Dammtorbahnhof schrieben. NATO-Doppelbeschluss, Pershing-Stationierung, hach ja.

»Und gegen Blattläuse?« Klaus, die Laus, stellte Fragen wie bei einer mündlichen Prüfung. Sein pazifistischer Alpaka-Pullover erschien mir plötzlich für die Jahreszeit zu dick. Ich zuckte ahnungslos mit den Schultern.

»Mausi hat's mal mit Brennnesselsud probiert«, fiel mir ein, »das stank aber wie die Hölle, und da wollten auch die Kinder nicht mehr …«

Klaus unterbrach mich lachend, bückte sich erneut über die Rabatten und schrie plötzlich auf. »Auuu! Oh Mist, jetzt hat mich die Hexe wieder.« Mit schmerzverzerrter Miene griff er sich an die Nierengegend, humpelte wie ein 90-Grad-Winkeleisen an mir vorbei ins Haus und ließ sich von meiner bestürzt herbeigeeilten Gattin auf das Sofa helfen. Nach zwei schmerzstillenden Spritzen vom Notarzt – »reine Chemie!«, wie ich mir nicht verkneifen konnte zu sagen – begann Klaus wieder zu witzeln. »Außer meiner Bandscheibe ist hier noch nie was vorgefallen!« Obwohl es nur ein Hexenschuss war.

Wir verbrachten trotzdem noch einen richtig schönen Abend. Redeten über früher. Über Ideologien und

Realpolitik, über 1989 und den Golfkrieg, Joschka Fischer ohne Turnschuhe, den Kosovokrieg und die Postmoderne.

»Gemeinsam einen Garten hegen, Franz Rudolf, das ist es!«, stöhnte Klaus Wollnitzer vom Sofa herüber. Margarete reichte unserm alten Revoluzzer eine Tasse heißen Tee.

»Irgendwas«, dachte ich im Stillen, »irgendwas an diesem Bild ist jetzt symbolisch. Bloß was?«

## Opa oder Vater?
## Auf dem Kinderspielplatz

Ich bin Rentner. Und habe von drei erwachsenen Kindern fünf Enkel.

Meist haben wir von den fünfen nur Rosies zwei, weil die allein erziehend ist.

Und eigentlich hat diese zwei dann allein meine Frau. Weil ich ...na ja, wie soll ich sagen ...vielleicht nicht so dicht dran oder weniger involviert oder spontan mehr mit der Zeitung in der Küche, oder im Arbeitszimmer oder sonstwo, jedenfalls: zu tun habe!

Ich hab unsere Enkel gerne zu Besuch, doch doch! Ich liebe die kleine Stefanie, klar. Fünf ist sie. Und den kleinen Bernhard, drei glaube ich. Oder erst zweieinhalb?

Das ist schwer zu behalten, weil das zweite Kind unserer zweitjüngsten Tochter jünger ist als das erste Kind unser jüngsten Tochter, verstehen Sie?

Jünger als der Oliver. Der Kleine von der Elvira. Der ist vier. Das weiß ich genau.

Genau an diesem schwülen, gewittrigen Nachmittag, als ich die Klappliege aus dem Keller gewuchtet und die Sonnenmarkise über unserer Terrasse von Staub und Spinnen freigefegt hatte, musste meine Frau zu einer kurzfristig anberaumten Lehrerkonferenz. Im Weggehen rief sie: »Geh doch mit den Kurzen auf den Spielplatz, wo's so schön ist!«

Ich überlege noch, ob sie meint, der Spielplatz sei schön oder das Wetter sei schön – beides finde ich keine Begründung, warum man die Behaglichkeit der heimischen Terrasse verlassen sollte –, da johlt und quengelt Enkelin Stefanie schon: »Au ja, Spielplatz! Spielplatz! Spielplatz!« Und ihr kleiner Bruder rennt schnurstracks zum Schuhregal im Flur. Mit einer wortlosen Selbstverständlichkeit, als sei allein mit der Erwähnung des Begriffs die Sache schon beschlossen.

Also gut, zum Spielplatz.

Ich trinke meinen Kaffee aus, lege den Roman weg, schalte im CD-Player Edvard Grieg aus und besänftige meine Enkel, die wie junge Hunde an der Haustür jaulen.

Was ziehe ich zum Spielplatz an? Badelatschen, Khakishorts und Unterhemd wären bei der Hitze genau richtig, aber schließlich ist es ein öffentlicher Platz ... Schwarze Anzughose und Leinenjackett? Wenn Bernhard mit Matschkügelchen wirft oder Stefanie drauf besteht, dass ich Sandburgen baue?

Der Spielplatz im Stadtpark erweist sich als eine Ansammlung von alten Turngeräten, zwei Wippen, drei Schaukeln, einer rostigen Rutsche, zwei verwitterten Holzhüttchen und einem riesigen Klettergerüst. Es herrscht eine lärmerfüllte, quirlige Betriebsamkeit. In der Mitte ein lächerlich kleiner Sandkasten. In dem drin: Gut zwei Dutzend Kleinkinder, einige davon nackt. Um den herum, auf seiner Beton-Umrandung, auf zwei Parkbänken weiter hinten oder einfach überall im schütteren Grase sitzend: Mütter. Viele Mütter.

Dem Wetter, nicht der Figur entsprechend gekleidet. In engen Leggins, weiten Shorts, luftigen Blusen, lustigen T-Shirts, bunten Träger-Tops oder geblümten

Kittelschürzen. Alle sind jung, auf den ersten Blick jedenfalls. Manche auffallend geschminkt, manche auffallend schwanger. Und alle reden lebhaft miteinander.

Kein Mann. Nirgends. Und nirgendwo ein Sitzplatz.

Ich schiebe den Buggy mit Klein-Bernhard drin schwergängig wie durch Dünensand zur Rutsche. Er springt heraus, das blöde Gefährt kippt sofort nach hinten um. Obst, Kekse und eine Marmeladenstulle liegen zwar noch im Tragenetz, aber auch im Dreck. Aus Bernhards Nuckelflasche tropft Saft in den Sand. Bevor alles wieder gesäubert und geordnet ist, hat ein stämmiger fremder Junge unsere arme Stefanie mit einem Stock gehauen. Behauptet sie jedenfalls heulend. Ich hab's nicht gesehen, die Mütter plaudern ungerührt weiter.

Da! Bernhard schreit jämmerlich. Irgendwo hinter der Rutsche. Panisch.

Ich lasse erschrocken den Buggy los – er kippt ein zweites Mal um –, lasse Stefanie, wo sie ist, und gehe zügig um den Sandkasten herum.

»Klaus Wussow hat auch mit knapp 70 noch ein Kind gekriegt. Und der Waigel, der mit den Augenbrauen, wie alt war der, als seine zweite Frau …?«

Gesprächsfetzen dringen im Vorbeigehen an mein Ohr.

Nassgeschwitzt komme ich am vermeintlichen Tatort an: Bernhard ist völlig unversehrt. Es drängeln sich lediglich immer andere Kinder vor, wenn er auf die Rutsche will. »Schau, jetzt rutscht Dein Papa mit

Dir!«, tröstet ihn bereits ein fürsorgliches Mädchen mit Zöpfen. Acht oder neun Jahre, schätz' ich mal.

Um das markerschütternde Geschrei meines Enkels zu beenden, nehme ich Bernhard auf den Arm, ergreife mit der linken Hand das klebrige Geländer der Rutsche und klettere die Eisensprossen hinauf. Als wir oben erscheinen, verändert sich irgendwas auf diesem Spielplatz.

Ich kann es gar nicht genau sagen: Hat nur Bernhard aufgehört zu brüllen, oder sind auch sämtliche Frauen da unten schlagartig verstummt?

»Huuuiiii«, rufe ich, als wir ganz gemächlich nach unten gleiten. Meine schwarzen Halbschuhe füllen sich mit Sand, ein weibliches Baby steht auf wackligen Beinchen vor mir und pinkelt. Eine junge Frau kommt lachend herbeigerannt, mit einer Windel wedelnd beugt sie sich so tief über ihre Tochter, dass man unweigerlich ihre braungebrannten Brüste ... Ach, Bernhard ist schon wieder da hinten an der Treppe! Stefanie ruft mich, ich soll ihr auf das Klettergerüst folgen, das Gemurmel der Mütter hat wieder eingesetzt.

»Oskar Lafontaine?« – »Auf dem Balkon, mit Kind! Nach seinem Rücktritt, aber hallo!« – »Der Alain Delon, der Schauspieler, der französische, der ist doch mindestens ...«

Wollte ich der Hitze in meinem Gesicht jetzt ein Ventil geben, müsste ich rufen: »Neunundfünzig! Neunundfünfzig, aber ich bin der Opa, kapiert?! Nur aushilfsweise hier. Umständehalber und unfreiwillig. Zum ersten Mal seit 25 Jahren auf so einem Sch...pielplatz!!«

Aber – warum sollte ich mich noch mehr blamieren?

Meine zwei Enkelkinder fanden's übrigens toll mit mir dort. Und meine Frau war abends hochzufrieden, dass alles so gut geklappt hat. Obwohl die hellbeigefarbene Bundfaltenhose und das weiße Partyhemd völlig eingesaut waren.

# Krankheitsbild und Kirchgang

Ich bin Rentner. Das sieht man mir nicht an, sagen viele, und das freut mich. Aber mein Alter sieht man mir natürlich an. Und wo versammeln sich die meisten Menschen meines Alters, um sich anzusehen?

In den Wartezimmern der Ärzte? Nein, in der Kirche!

Sonntagmorgens, ab kurz vor zehn, findet vor und in den Gotteshäusern etwas statt, davon haben junge Leute keinen blassen Schimmer: eine Mischung aus Reihenuntersuchung und Ferndiagnose, Vivisektion und Anamnese.

Kirchgang, das ist eine Art Blitzumfrage zur Volksgesundheit, ein Senioren-Quick-Check ohne Ausziehen und Indiskretionen.

Wir gehen zu Fuß zur Kirche. Wenn das Wetter es zulässt. Manchmal treffen wir dabei Merheims, unsere Nachbarn von schräg gegenüber. Fehlt mal einer von uns vieren, liegt's an Schlaflosigkeit, nächtlichem Husten, morgendlicher Migräne, und schon das ist ausreichend Gesprächsstoff für den Weg. Wir Männer gehen meist zielstrebig vorneweg, unsere Frauen drei, vier Schritte hinterher.

»Ach, die Frau Weißgerber«, höre ich meine Frau hinter mir sagen, entdecke die Erwähnte auf dem Kirchenvorplatz und sage laut: »Grüß Gott, Frau Weißgerber!«

»Schlecht sieht sie heute wieder aus, oder?«, flüstert Frau Merheim hinter uns. »Nö«, erwidert ihr

Mann leise, »die wirkt nur so bleich in diesem durchfallgrünen Kostüm.« Jetzt gehen wir ganz dicht an ihr vorbei, und die Frau im Kostüm sagt: »Morgen zusammen! Und? Wie geht's? Gut schauen Sie aus nach der Kur!« Ich gucke verdutzt, aber Merheims bereits wie im Chor:

»Danke, danke. War auch wun-der-bar!«

»Das wusste ich ja gar nicht, dass die Merheims …«, nuschele ich zu meiner Frau, die sich rechtzeitig zum Betreten der Kirche bei mir eingehakt hat.

»Aber Franz!« Ihre Stimme klingt in der halligen Akustik des Eingangsportals wie eine göttliche Mahnung: »Karl Merheim hatte doch so schlechte Leberwerte und seine Frau diese Gallenkoliken und da …«

Da dröhnen die Glocken mit erhabener Wucht durch das Kirchenschiff.

Ich meine, einen Dauerpfeifton in meinem linken Ohr zu hören. Tinnitus? Hörsturz? Ach woher. Als das Orgelpräludium mit vollem Werk losbricht, legt sich ein noch höheres, diesmal metallisches Pfeifen über das erstere, und ich verstehe kein Wort von dem, was Mausi über Herrn Merheims Leberwerte erläutert.

Aus der gleißenden Helligkeit eines strahlenden Februarmorgens schlagartig ins dämmrige Dunkel einer alten gotischen Kirche zu treten, macht mich obendrein fast nachtblind, so dass ich nicht sehe, wen meine Frau meint, als sie »Ski-Unfall!« sagt und mit dem Kopf nach vorne deutet. Als Orgel und Glocken verstummt sind, höre ich, wen sie meint: Der Messner,

unser treuer Küster und Kirchendiener, humpelt mit lautem Klack-Klack-Klack seines Gipsbeins durch den Mittelgang und verteilt Liederbücher.

»… Dass unsere Sinnen wir noch brauchen können«, singen wir von Choraldichter Paul Gerhardt, da spüre ich, wie fußkalt es hier hinten ist. Vorne, am Altar, strömt mit vernehmlichem Brummen warme Heizungsluft durch ein Metallrost im Boden, das weiß ich. Weshalb unser korpulenter Pfarrer schon nach Eingangsvotum, Wochenspruch und Gebet immer einen knallroten Kopf und Schweißperlen auf der Glatze hat. Gerade im Winter.

»Bluthochdruck?«, fragt mich Elsbeth Merheim leise über die Schulter. Die beiden haben offenbar hinter uns Platz genommen. Ich schüttele den Kopf: »Fußbodenheizung!«

»Aber der war doch so lange krank geschrieben«, wendet ihr Mann leise ein. »Rückenprobleme!«, tuschelt da plötzlich eine mir unbekannte Dame von links. »Der Herr Pfarrer wollte mich auf der Inneren besuchen, als ich die Magengeschichte hatte. Lag dann aber selber, haha! Allerdings auf der Orthopädie. Aber im gleichen Haus! So'n Zufall, nicht?!«

Ich bin von so viel Informationsfülle während eines Kirchenliedes etwas irritiert, weshalb meine Mausi mir von rechts flüstert: »Die Mohr. Die Mutter Mohr!« Und mit der rechten Hand macht sie verstohlen eine Geste, als wenn ein Entenschnabel mehrmals auf- und zuklappt.

»… und Händ' und Füsse, Mund und Lippen regen …«, singen wir weiter.

Irgendwo auf der Empore beginnt ein Kind herzergreifend zu weinen.

Wohl aus mitfühlender Solidarität werden nun auch zwei, drei Knirpse aus der Kindergottesdienstgruppe in der ersten Reihe unruhig. »Baby aua? Baby aua?«, fragt ein Kleinkind laut. Unseren auf Würde und formale Korrektheit bedachten Pfarrer scheint das abzulenken. Er schaut vom Lektorenpult auf, blickt über den Rand seiner Lesebrille in die Runde und zitiert eisern weiter: »Matthäus 11, die Verse 4 bis 6: Gehet hin und berichtet dem Johannes, was Ihr hört und seht ...« Jetzt hebt er herrisch den Kopf Richtung Empore.

»Alles auswendig ...«, murmelt Mutter Mohr neben mir anerkennend und nickt. »Blinde gehen, Lahme sehen, den Tauben und Armen wird das Evangelium gepredigt und die Aussätzigen ...« Er stockt.

Tja, was ist mit den Aussätzigen, denke ich noch, da hat der Mann im Talar die richtige Zeile wiedergefunden: »... und selig, wer keinen Anstoß an mir nimmt!« Ein wuchtiger Orgelakkord und das gesungene Responsorium »Amen, Amen, Ahaha-men« der Gemeinde verhindern gnädig, dass man über derlei Versprecher nachdenken kann.

Warum taste ich beim Stichwort »Anstoß« mit den Händen nach diesen kleinen Kleiderhaken vor mir, die man im Dunkel der Bankreihe manchmal übersieht? Ich weiß gar nicht, wofür die da sind. Aber sie ragen exakt in Kniehöhe unter dem Liederbuchbord hervor und können höllisch wehtun, wenn man mit dem Meniskus dagegen stößt. Zum Glück sind diese eisernen Aufhänger mit Scharnieren an der Bank befestigt, sodass ich sie im Laufe der Predigt, einen nach dem andern, leise zur Seite umklappe.

Die Predigt handelte dann, soweit ich mich erinnere, von einem Gelähmten an der schönen Pforte des Tempels, zu dem die Apostel sagen: »Gold und Silber haben wir nicht, aber was wir haben, geben wir Dir«, woraufhin der Lahme geheilt aufstehen konnte. Als wir – die Frau Mohr, das Ehepaar Merheim, Mausi und ich – schließlich aufstehen konnten, unser Gold und Silber in den Opferstock entrichtet hatten und fröstelnd in die blendende Wintersonne hinaustraten, verspürte ich das, was Männer meines Alters nach einer Stunde im-Kalten-sitzen nun mal verspüren. Können auch die drei Tassen Kaffee beim Frühstück gewesen sein. Auf jeden Fall gingen Herr Merheim und ich wieder zügig voraus, während sich unsere Frauen auf dem Kirchenvorplatz noch eine Weile mit anderen Kirchgängerinnen austauschten. Über heraufziehende, akute oder überwundene Krankheiten, wetten?

# *Vorruhestand ist wie Vorpubertät*

Ich bin Frührentner. Vorruheständler, wenn Sie so wollen. Stehe also noch früh in und vor jenem Lebensabschnitt, den man »den dritten« nennt. Nicht wegen »der dritten«, denn wenn Zähne die Lebensabschnitte markieren würden, dann wär' ja der erste sehr kurz und der zweite wär' sehr oft der letzte. Nein, ich habe noch kein Gebiss, aber mein Körper überrascht mich auch so bisweilen. Mit nie gekannten Zipperlein, über die ich im ersten Moment staune. Wie ein Teenager über Stimmbruch und Schamhaare staunt.

Alles redete von den Wechseljahren, wenn meine Frau mal beim Einkaufen in Schweiß geriet. Aber wer redet von unseren Jahren des wackligen Selbstwerts, hm?! Vorruhestand, denke ich manchmal, das ist wie Vorpubertät.

Womit haben wir als 13-, 14-Jährige das Unbehagen unserer noch nicht gefundenen neuen Identität überspielt? Mit Angeberei! Mit Großmäuligkeit. Die fällt uns jetzt natürlich noch leichter, weil wir mit Erfahrung prahlen können.

»Na na na – das hat man in Salzburg auch schon besser gehört …!«

Wilhelm Merheim, unser Nachbar von schräg gegenüber, sitzt neben mir in der 15. Reihe Parkett. Er murmelt missmutig irgendwas, während Sarastro in der »Zauberflöte« seine berühmte Arie von den heiligen Hallen und keine-Rache-kennen und so singt.

Mausi und ich sind von dem unglaublichen Bass des Sängers eigentlich ganz beeindruckt.

»Festspiele. Mitte der Achtziger«, flüstert Merheim, »noch mit Karajan am Pult, ich kann Ihnen sagen! Dagegen ist das hier ...«

Seine Ausführungen werden von einem drohenden »Schschttt!« aus einer hinteren Reihe jäh beendet. Macht nichts. Wir wissen jetzt:

Der alte Merheim kennt bessere Bassstimmen als diese hier. Er hat schon Unsummen für erlesene Konzertkarten ausgegeben. Und er kennt sich aus in der Opernwelt.

Wer leben will, braucht Anerkennung. Und wer, wie ich, als Teenager im Freibad keinen Köpper vom Drei-Meter-Brett konnte und auf dem Fußballplatz nie ein Tor im Alleingang schoss; wer klein, rundlich und Brillenträger war – ja meine Zeit, womit sollte so jemand den Mädchen imponieren?!

Mit guten Noten vielleicht? In Betragen, Religion und Chemie?!

Die nützen mir auch mit 59 nichts mehr. Denn wie könnte ich, wenn gleich das Saallicht im Theater angehen wird, die Wärmeleitfähigkeit halogener Edelmetalle ins Gespräch bringen? Den Strukturwandel chemischer Herstellungsprozesse seit der Entwicklung der Gentechnik?

Oder andeuten, dass ich vom Kampf des Apostels Paulus gegen die Gnostiker weiß? Und die Ruinen von Ephesus kenne? Oder wie könnte ich sonst mit Fachwissen und kulturellem Herumgekommensein Eindruck schinden?

»Diese ganze Osiris-Mystik in der Zauberflöte hat der Schikaneder ja aus zwei früheren Opern zusammengebaut«, sagt Wilhelm Merheim und lässt sich seinen Mantel von der Garderobenfrau reichen. »›Thamos, König der Ägypter‹, und ›Oberon, König der Elfen‹. Hat man uns mal im Mozarteum erklärt.«

Ich muss mit halb offenem Mund zu Margarete hinübergeschaut haben. »Schikaneder ist der Texter. Mozart der Komponist«, sagt sie beruhigend und streicht ihren Schal glatt, »zum Parkhaus geht's da lang.«

Weil unser opernkundiger Nachbar irgendwie meinen Blick sucht, werfe ich ein: »Ich dachte, Ägypten kommt in Aida vor und Oberon im Sommernachtstraum von Shakespeare?«

Merheim und Mausi schmunzeln nachsichtig.

»Bei den Salzburger Festspielen waren wir noch nicht. Aber schon mal in Stratford-on-Avon am Geburtshaus von Shakespeare!«

Ob meine Frau das jetzt passend findet?

Es gibt Rentner, die versuchen, mit angelesenem Wissen aus »Readers Digest« ihre Mitmenschen in Erstaunen zu versetzen. Mit Erkenntnissen aus den Wartezimmerzeitschriften.

Wussten Sie zum Beispiel, dass die klebrige Zunge des brasilianischen Ameisenbärs 46 cm lang ist?!

Und dass das Grundwasser in Island wärmer ist als das in Schottland?

Ein Prominentenfrisör behauptet, David Hasselhoff habe mehr Haare auf der Brust als Alfred Biolek auf dem Kopf, ist das nicht frech?

Da wundert man sich doch, dass es überhaupt Situationen gibt, in denen man so etwas effektvoll anbringen kann.

Ich hatte mal ein türkisfarbenes Sweatshirt, da stand klein, aber leuchtend »St. Thomas« drauf. Mit Palme und Möve daneben.

Elvira, unsere Tochter, hatte es mir von einer Amerikareise mitgebracht. Wir waren im selben Sommer in Südtirol gewesen, und als ich, braungebrannt und wieder zu Hause, mit diesem Sweatshirt in der Apotheke stand, sagte die Verkäuferin: »St. Thomas ... St. Thomas ... wo liegt das noch mal?« Und ich:

»In der Karibik. Wunderschön dort!«

Das war nur halb gelogen. Denn Elvira hatte ja erzählt, dass es dort wunderschön ist.

In der Schlange vor dem Parkschein-Automaten winkt Wilhelm Merheim einem Bekannten, der gerade zu seinem Wagen geht. Der ältere Herr kommt auf uns zu, begrüßt uns Männer mit knappem Kopfnicken – »ach hallo, n'Abend, n'Abend« –, gibt meiner Frau die Hand und lässt sie erstaunlich lange nicht los.

»Ich heiße Rüdiger Klein.« Und dann macht er eine bedeutungsvolle Pause.

In dieser Pause zieht er langsam die schlechte Parkhausluft durch die geblähten Nasenflügel ein und schaut meine Frau erwartungsvoll an.

»Angenehm«, sagt Mausi und stellt sich vor.

»Ich bin ein Freund von Merheims!«, sagt dieser Mensch, als wäre das eine Offenbarung. Und macht wieder eine Pause. Seine Backenknochen mahlen. Noch immer dieser strenge, erwartungsvolle Blick.

»Und … ich wohne hier in der Nähe!« Pause.

Jetzt, erst jetzt, löst er den Griff. Margarete beginnt, an ihrer Handtasche zu nesteln.

Donnerwetter, denke ich. Das also ist Rüdiger Klein! Ein Freund von Merheims! Und der wohnt auch noch in der Nähe! Ja gibt's denn so was?

Vorruhestand ist wie Vorpubertät. Wer überhaupt nicht weiß, womit er angeben soll, wer weder Fachwissen noch Allgemeinbildung noch Weltläufigkeit in die Waagschale werfen kann, der muss halt einfach durch die Nennung seines Namens andere in Erstaunen versetzen.

# Steuerpflicht und Freistellungsauftrag

Ich bin Rentner. Habe also mehr Zeit, aber weniger Geld. Manche ehemaligen Kollegen jammern die ganze Zeit über das halbe Geld. Ich finde das aber selbstmitleidig.

Wieso fällt mir das ausgerechnet jetzt, Sonntagmorgen, ein?

Ich sitze im Gottesdienst und sollte andächtigere Gedanken hegen.

»Gebt dem Kaiser, was des Kaisers ist!«

Unsere neue Vikarin hat eine wunderschöne Stimme. Und eine klare Art des Vortrags. Gut, auch sie hat schon herrliche Versprecher hingekriegt, für die sonst eher unser alter Pfarrer bekannt ist. »Niemand wird zum Vater denn durch mich!«, deklamierte sie mal Johannes 14, Vers 6. Niemand *kommt* zum Vater, hätte es heißen müssen. Hat aber kaum einer gemerkt.

Heute predigt sie über die Frage der Pharisäer an Jesus, ob Steuerzahlungen an eine unterdrückerische Besatzungsmacht gottgewollt sind oder nicht.

Es gibt knausrige, knatschige Pensionäre!

Die am Stammtisch, im Wartezimmer, nach einem Altherren-Fußballspiel oder nach dem Kirchgang am liebsten von abgezogenen Beiträgen, beigefügten Anträgen und abgewiesenen Forderungen erzählen. Wie viel worin enthalten ist – was wem vorenthalten wird – wann warum welche Gelder fehlen. Darüber weiß eine bestimmte Sorte selbsternannter Finanzexperten stundenlang zu palavern. Bis jeder in der Runde überzeugt ist, niemandem sei jemals so übel mitgespielt worden wie uns, den Rentnern.

Zerlumpte Greisinnen, die hungrig in Mülltonnen nach Essbarem wühlen; stinkende Wermutbrüder, die unter Tränen bekennen, dass sie mal Unternehmer waren – ach, was lässt es sich schön in Horrorszenarien schwelgen! Am liebsten würde ich bei solchen Gesprächen auf den Tisch hauen. Aber ich musste mich ja auch nur mit meiner Abfindung abfinden ... Und beziehe 64% meines guten letzten Nettogehalts. Von der BfA in Berlin. »Bundesamt für Almosen«, sagt Mausi immer. Also rufe ich nichts dazwischen. Nie. Sondern ärgere mich nur im Stillen über die 0,3% Strafsteuer für jeden Monat, den ich vorzeitig in Rente gegangen bin ...

»Und Jesus lässt sich eine Münze geben ...«, sagt die junge Pfarramtsanwärterin gerade.

Ich muss an die 6142,50 DM denken, über die ich neulich so fuchsteufelswild wurde. Das hätten nämlich 9000.– DM sein müssen. Aber mit uns kann man's ja machen! Ich habe nach meiner Promotion mit 29 das erste richtige Geld verdient, und nun war voriges Jahr meine Lebensversicherung zur Auszahlung fällig geworden. Als monatliche Zusatzrente wollte ich sie nicht einfach aufessen. In zwei, drei Jahren muss das komplette Dach erneuert und das Haus verputzt werden. »Heb doch den Batzen ab und lass ihn arbeiten!«, riet mir mein Ältester am Telefon. Dass unsere Kinder an einem tipptopp renovierten Erbstück interessiert sind, ist uns eh klar.

Fast 150.000,– DM nach 30 Jahren treuer Einzahlerei! So ein Betrag springt auf dem normalen Gehaltskonto stark ins Auge, dachte ich zuerst, obwohl ich ja als Rentner keine Betriebsprüfung des Finanzamtes zu befürchten hätte.

Ging zu meiner Bank, richtete ein zweites Konto ein und ließ mich beraten.

»Als mittelfristiges Wertpapier angelegt – Sie sind schließlich erst 59 –, bringt Ihr stattliches Sümmchen fast 6% Zinsen jährlich!«, schnurrte der smarte Bankmensch. Wie ein dicker grauer Kater, dem man das Fell krault.

»Und Jesus fragte: Wessen Bild und Aufschrift ist auf dem Geldstück?«

Diese temperamentvolle Theologin holt mich durch den bloßen Charme ihrer Stimme immer wieder von meinen Gedankenreisen zurück.

Wir älteren Kirchgänger haben gar nichts gegen lange Predigten! Weil wir dabei in Ruhe geistig spazieren gehen können. Man geht seinen Jugendträumen nach, gestattet sich infantile Allmachtsfantasien, schmiedet Urlaubspläne oder legt sich freche Antworten zurecht. Für Situationen, in denen man beim letzten Mal einfach nicht schlagfertig genug war. Mausi, meine Frau, hat mir mal gestanden, dass sie während langer Predigten immer die Einkaufsliste für Montag überlegt. Oder vor ihrem geistigen Auge den Kalender aufblättert, wann sie wem rechtzeitig Geburtstagsgrüße schreiben muss. »Alles erdenklich Gute«, schreibt Mausi oft. »Alles Erdenkliche« denke ich hier, in der Kirche. Während der Predigt. Man muss nur so halbwach bleiben, dass man noch hört, wann der Pfarrer »und schließlich ...« sagt. Oder »ich fasse zusammen: ...«. Oder »drittens und letztens«.

Schließlich und letztlich wurden mir ein Jahr nach Beginn der Geldanlage 9000,- DM Zinsen abzüglich 30% Zinsabschlagsteuer und 2,5% Solidarzuschlag überwiesen. Machte 6142,50 DM.

»Sie hatten uns leider keinen Freistellungsauftrag erteilt.« Der smarte Banker zuckte mit den Schultern und kniff die Augen zusammen. Wie ein Kater, den die Sonne blendet. »Sie haben mich nicht daran erinnert!«, schnaubte ich stinksauer.

Er erklärte mir dann zwar wortreich, wer da wen beauftragt und freistellt, um wem und was zu erklären, aber das Geld ist erst mal futsch. Zweimal versteuert! Denn es stammt ja von freiwilligen Versicherungsbeträgen, die ich nach Abzug aller Steuern und Sozialabgaben ein halbes Leben lang geleistet hatte.

»Dann gebt dem Kaiser, was ihm zusteht, aber nicht mehr. Gebt ihm nicht Euer Leben und nicht Euer Herz, meint Jesus mit dieser Antwort!« Frau Vikarin hat jetzt einen leicht heiseren Belag auf ihrer Altstimme. Ist das erotisch oder nur erkältet? Auf so einer Schwalbennest-Kanzel gegenüber der Empore zieht es wahrscheinlich.

Der Bankangestellte riet mir, dann für das laufende Zinsjahr einen Freistellungsauftrag zu erteilen, was ich sofort tat. »Leider wird der jährliche Sparerfreibetrag im Jahr 2000 auf 6000,- DM gekürzt werden.«

»Na und?«, wollte ich fragen, da fiel mir die Konsequenz ein. Und fast im Duett sagten wir beide:

»3000,– DM Zinsertrag werden dann ...« – jetzt trennten sich unsere Sätze wieder – »trotz dieses Freistellungsauftrags steuerpflichtig sein«, sagte der Fachmann. »... immer noch von den Geiern gefleddert«, sagte ich.

»Das heißt nun ...«, höre ich gerade unsere adrette Talardame da oben sagen und sehe, wie sie bereits ihre Manuskriptblätter zusammenlegt und aufschüttelt.

Was auf mich etwa dieselbe Signalwirkung hat wie »und schließlich«.

Im hinteren Teil der Kirche scheppert es hell. Jemand ist schon frühzeitig gegangen, hat aber offenbar ordnungsgemäß seinen Obulus in den eisernen Opferstock entrichtet. »... gebt Gott, was ihm gehört! Euer Geld, Euer Leben, Euer Herz! Amen.« Einen Augenblick noch verharrt sie betend in dem ovalen Balkon unter dem gewölbten Kanzeldach, und ich finde, sie sieht aus wie ein Küken in einem aufgeschlagenen Ei.

Draußen auf dem Vorplatz steht Rolf Burmann, Dachdeckermeister a.D., und raucht. »Sach ma, seit Du in Rente bist, müßte doch Deine Frau als Beamtin jetzt in Steuerklasse 3 gekommen sein, stimmt's?« Schon nähert sich Wilhelm Merheim. Noch so ein verhinderter Steuerfachmann. Mich drängt's nach Hause.

Aber ich weiß jetzt, was sich seit den Römern zur Zeit Jesu bis heute nicht geändert hat: das Amt für moderne Christenverfolgung. Der Fiskus!

# Morgenandacht im Autoradio

Ich bin Rentner. Stehe also früher auf als viele Berufs-
tätige. Aber eben nicht, weil ich muss, sondern weil
ich will. Brötchen holen will zum Beispiel.

Früher ging das zu Fuß. Später, so in den frühen
Neunzigern, machte der kleine Bäcker in der Nähe
pleite, und frische Brötchen gab's, zu Fuß erreichbar,
nur noch in einem Supermarkt. Der machte dann aber
immer später auf – aus Personalkostengründen, wie
es hieß –, und deshalb fahre ich jetzt an eine Tankstelle, um Brötchen zu holen. Bleifreie Brötchen, wie
alle beteuern. Schmecken super. Und auf dieser kurzen Fahrt am frühen Morgen – da höre ich gerne die
Morgenandacht. Manchmal aus echtem Bedürfnis
nach Besinnlichkeit, manchmal aus humoristischer
Neugier.

»Neulich, als ich in der Straßenbahn …«

Morgenandachten im Radio erkennt man ganz
leicht. Weil sie meist von Pfarrern oder Pfarrerinnen
mit einschläfernden Stimmen, ausgeprägtem Dialekt,
Sprachfehlern, falscher Atmung oder sinnwidriger
Wortbetonung gesprochen werden und fast alle mit
»neulich« anfangen.

»… einem Schulkind mit traurigen Augen gegen-
übersaß und an all die Menschen mit traurigen Augen
denken musste, die jetzt vielleicht genauso wie ich auf
dem Weg zur Arbeit …«

Mit Schlaf in den Augen schaue ich auf das Display
unseres Autoradios. Mir war, als hätten sich da Buch-

staben bewegt. Kann man jetzt die Andacht mitlesen, weil die Sprecher oft so undeutlich ...? Langsam erscheinen einzelne Wörter und wandern von rechts nach links: »D. .i. .e   b. .e. .s. .t. .e. .n H. .i. .t. .s.«

Vor mir blitzen Bremslichter auf, ich komme mit kreischenden Reifen zum Stehen. Um ein Haar wäre ich dem Vordermann hintendrauf gefahren!

Mein Puls rast.

»... vergessen haben, was mit den Worten des chassidischen Weisen Micha Mordechai Ben Goldblum-Mandelzweig aus dem 18. Jahrhundert in Ostpolen so ausgedrückt wurde: ...«

Ich drücke den Radiorekorder aus, atme tief durch und fahre weiter.

Früher waren die Programme auch bei Dunkelheit ganz leicht zu finden. Man drehte an einem großen Knopf rechts und hörte, die Augen fest auf den Verkehr gerichtet, ob der richtige Sender schon gefunden ist.

Mit unserem neuen Wagen bekamen wir nun ein Autoradio ohne Knöpfe.

Aber mit acht Tasten. Die sind jeweils doppelt belegt, und da steht drauf »RDS« und »REG«, »MOD« und »LDN«, »TA« und »MUT«, »BND« und »SCN«, »AST« und »RND«, »MC« und »MSS«, »BAS« und »BAL«, »TRE« und »FAD«.

Die letzten beiden kenn ich. Da kann man hoch und tief und rechts und links einstellen. Es gibt noch »LO« und »DX« und zwei Tasten mit Doppelpfeilen, aber alles winzig klein und eng beieinander. Und von hinten beleuchtet, sodass die Tasten hell umrandet als

schwarze Kästlein erscheinen und man nicht lesen kann, was drauf steht.

Das macht in meinem Fall nichts, weil ich eh nicht weiß, was sie bedeuten.

Mausi, meine Frau, wusste am Anfang noch, was sie bedeuten. Hat aber frühmorgens an frostigen Wintertagen so zittrige Finger, dass sie selten die richtige Taste trifft. Jedenfalls nicht beim Fahren.

Genau hinschauen – also von der Straße wegschauen – muss auch sie, die Radiokundige. Denn im Display erscheinen erst die Frequenzangabe, dann das Kürzel des Senders und manchmal eben auch Werbesprüche, Grüße, Wettervorhersagen oder Kurznachrichten.

Unser Sohn Roland hatte, als der Wagen noch neu war, unsere Lieblingssender einprogrammiert. Hören kann man die nur bei uns. Woanders sucht sich das Radio seine eigenen Lieblingssender. Wenn meine Frau dann irgendwie auf »Sendersuchlauf« drückt – obwohl es gar keine Taste »SSL« gibt –, rasen die Zahlen blitzschnell rauf und runter, stoppen meist aber nur bei Hip-Hop- und Techno-Musik von regionalen Privatsendern.

»Man könnte meinen, das Ding sei eigensinnig«, sagte ich mal bei einer Fahrt durch Norddeutschland und kam mir sofort kindisch vor.

»Aber nur, weil unser Radio hier nicht zu Hause ist!«, antwortete meine Frau daraufhin! Wir haben Tränen gelacht.

Ein Programm mit Morgenandachten fanden wir da oben trotzdem nicht.

Dafür hörte mein Freund Klaus Wollnitzer jeden Morgen eine. Zwangsläufig. Margarete und ich waren letzten Sommer mit dem Flugzeug verreist und hatten ihm unseren Wagen geliehen. Und obwohl Klaus nicht dumm ist, bekam er drei Wochen lang nicht diesen Sender weg, den er nicht mochte.

Mausi hatte ihm erklärt, was die Worte »Autostopp« und »Autostore« auf dem Display bedeuten. Nämlich nicht etwa »Tramper mitnehmen« und »Kfz-Händler«, sondern »Cassette hört von selber auf« und »Radio merkt sich den letzten Sender«.

»Man muss einfach nur wissen, was sich hinter den Worten verbirgt«, hatte Klaus daraufhin ganz philosophisch gesagt, »nur wer sie deuten kann, bekommt, was er sucht.«

Das stimmt, finde ich. Für Autoradios, die alles können. Für Morgenandachten, die alles wissen. Und für Tankstellen, die alles haben. Sogar frische Brötchen.

# Beim Thema bleiben,
## auch am Grill

Ich bin Rentner. Werde nächstes Jahr 60. Und wehre mich entschieden gegen das Vorurteil, Leute in meinem Alter wären in Gesprächen erinnerungsselig, weitschweifig, rechthaberisch oder schlicht stur. Das hat mir zwar noch niemand so direkt gesagt, aber am Rande von runden Geburtstagen, Silberhochzeiten oder Beerdigungsnachfeiern flüstern sich gute Freunde manchmal zu: »Komm beim alten Müller bloß nicht auf Politik, sonst ist der Abend gelaufen!« Oder: »Vorsicht, falls Mutter Meyer das Thema Krankenhäuser anschneidet ...«

Ich gebe zu: Wir haben naturgemäß mehr erlebt als jüngere, wir können assoziativ verknüpfen, wir geben einmal gewonnene Überzeugungen ungern auf. Aber: Unser Beharrungsvermögen wird ja manchmal konterkariert von unseren Bedürfnissen. Das verstehen Sie nicht?

Ich verstehe das auch erst, seit Rollmüllers uns eingeladen hatten.

Mausi war ganz aus dem Häuschen: Die zwei flüchtigen Begegnungen im Theaterfoyer und auf der Radtour veranlassten den dicken Bauschreiner, uns telefonisch zum Abendessen einzuladen. Wo meine Gattin mit seiner Gattin doch früher fast täglich beim Hundeausführen ... und wo er mich nun auch hin und wieder auf einem Fahrrad ... jaja, wie schön, da könnten wir doch und sollten endlich mal, wer weiß, wie lange man noch so schönes Wetter – also, Peter Rollmüller steht in Schürze und kurzer Hose vor einem großen rostigen Grill, während Beatrix, seine Frau, uns Haus und Garten zeigt und dann bittet, draußen Platz zu nehmen. Die riesigen gepolsterten Gartenmöbel seien bequemer als unser Fernsehsessel daheim, stelle ich noch fest, da geht's schon los: »Erst eine ordentliche Tischlerlehre oder auf's Wirtschaftsgymnasium und dann BWL oder gleich in die Firma, diese Frage stellte sich unserm Heiko gar nicht, weil …«

Die Gastgeberin kommt aus dem Haus mit einem Tablett zuckerumrandeter grüner Cocktails im Kristallglas. »Wer möchte vorneweg was Frisches?«

Alle möchten. »Mit Schuss oder ohne?«

»… weil ich der Meinung bin, die jungen Sesselpuper heutzutage müssen erst mal lernen, was Arbeiten ist. Unser Sohn hat sich jede Mark, aber jede, in Ferienjobs verdienen müssen. Schon auf der Realschule. In den Ferien. Und ob. Und wie. Jetzt sagt er sich natürlich …«

»Mein Steak bitte ganz durch, Piet«, ruft seine Frau dazwischen, und dann zu Mausi gewandt: »Wie möchten Sie Ihr's?« »Durch bitte.« »Auch durch«, setze ich ungefragt nach. »Nicht zu scharf gewürzt, mein Magen …«

»… wodurch er sich bei meinen Angestellten wohl mehr Autorität verschafft: durch handwerkliches Know How oder Managerqualitäten?« Brutzelnd tropft das Fett in die Glut.

»Ist Ihnen kühl?« Beatrix muss bemerkt haben, dass Margarete kurz zitterte.

»Ach, es geht eigentlich. Nachher vielleicht, eine Decke oder so.«

»Sich als richtiger Schreiner hochgearbeitet zu haben, mit Sprießen in den Fingern vor seinen Arbeitern zu stehen, ist meines Erachtens ebenso wichtig wie …«

Flammen lodern hoch. Peter Grillmüller, ich meine äh, der Dings, öffnet eine Bierflasche, schüttelt sie wie ein Formel-1-Sieger seinen Schampus und lässt den Gerstensaft über Fleisch und Feuer zischen. »Iiiihh, mein Kleid, pass doch auf, Herrgottnochmal!« Frau Rollmüller ist indigniert. Es raucht so gewaltig vom Grill her, dass ich unsern Gastgeber kurzzeitig aus den brennenden Augen verliere.

»… persönliche Beziehungen zu Lieferanten und Kunden, Architekten und Unternehmern. Das ganze Betriebsführungswesen hat sich ja heutzutage rasant geändert, ich meine, wenn Sie mal bedenken, was wir damals …«

»Entschuldigen Sie, wo finde ich wohl die Toilette?« Margarete ist aufgestanden. »Geradeaus durchs Wohnzimmer, zweite links, Lichtschalter ist außen, Handtücher im kleinen Regal.« Frau Rollmüller bellt generalstabsmäßig durch den lauen Sommerabend, was ihren Gatten nicht im Geringsten stört.

»…erst durch learning by doing gelernt haben! Mir hat doch kein Mensch gesagt, wie man auf einer Fachmesse nicht über'n Tisch gezogen wird, da profitiert doch der Heiko von den Erfahrungswerten seines Alten! Aber glauben Sie, so was zählt noch? Denen wird doch auf den Business Schools …«

»Ich glaube, das Fleisch ist gut, Schatz. Nehmen Sie Senf, Ketchup oder Currysauce? Der Kartoffelsalat ist selbstgemacht.« Beatrix schenkt Curacao nach.

Genüsslich kauend verfolge ich Rollmüllers weitere Ausführungen über den rechten Zeitpunkt und das richtige Prozedere, wann und wie ein erwachsener, studierter Sohn, aber mit Holzsprießen in den Händen, in der Lage sein wird, den väterlichen Betrieb zu übernehmen. Ich lege Mausis inzwischen kalt gewordenes Steak auf den Grill zurück, lasse mir mehrmals nachschenken und bemerke nicht, dass meine Frau erstaunlich lange verschwunden bleibt.

»Jetzt kommt's halt drauf an, wie sich unser Meister zu ihm verhält, wenn ich mal in Rente gehen sollte«, sagt Peter und pustet mit dem Blasebalg energisch in die Asche. Rußpartikel oder Oregano, Holzkohle oder Pfefferkörner auf dem Teller – wer will das in der Dämmerung entscheiden. Plötzlich stakst meine Margarete über die Terrasse heran und plumpst neben mir in die Gartenliege. Sie ist kreidebleich.

»…denn ohne ein Topverhältnis zum ersten Mann an den Maschinen kann ein Jungmanager am Schreibtisch noch so fleißig sein …«

»Mir ist schlecht«, flüstert Mausi flehentlich. »Ich hab auf einmal Durchfall. Mein Kreislauf, es tut mir so Leid …« Die Arme ist nassgeschwitzt.

Das röchelnde Brausen einer Cappuccinomaschine lässt mich vermuten, dass Frau Rollmüller in der Küche ist. Piet Feuerteufel dreht uns den Rücken zu.

Er spricht gerade von den Gesellschafteranteilen und dass Heiko noch eine Schwester in Bremen hat, die aber nichts vom Bauschreinern versteht.

Vorsichtig richten Mausi und ich uns aneinander auf. »Die Frage ist nur, wer fährt«, zische ich ihr ins Ohr. Der Alkohol schlägt mir leicht gegen die Kniekehlen. Mausi bewahrt Haltung bis zum Wohnzimmer, bis zum Flur – da ist unser Fluchtplan vereitelt, als die Gastgeberin mit einem Tablett Dessert und Kaffee um die Ecke biegt.

Ich habe dann, glaube ich, den Nachtisch alleine aufgegessen. Die zwei Frauen wanderten medizinisch fachsimpelnd zwischen Bad und Toilette hin und her, von Eiersalat bis Wechseljahre wurde alles in Betracht gezogen – und Seniorchef Rollmüller entsorgte die Grillasche, ohne auch nur einmal vom Thema abzuweichen.

Zusammen mit der Weinschaumcreme und dem Schuss Amaretto im Cappuccino wäre ich bei einer Verkehrskontrolle wahrscheinlich als Flensburger Punktsieger des Tages durchgegangen. Aber mehr als das bewegte mich die Frage: Haben unsere Kinder manchmal Recht, wenn sie behaupten, so um die 60 werde man weitschweifig, erinnerungsselig und stur?

# Frau Vikarin
## will einen Rat

Ich bin Rentner. Also ein Objekt der Begierde. Für unsere junge Vikarin in der Kirche jedenfalls. Nein, nicht was Sie jetzt wieder denken. Ihr brennendes Interesse an mir ist rein plutonisch. Oder platonisch. Oder sagen wir: von beruflichen Nützlichkeitserwägungen motiviert.

Haben Sie schon mal einen x-beliebigen Gemeindebrief irgendeiner Kleinstadt-Gemeinde studiert? Ein bis zwei Gottesdienste, Dritte-Welt-Gruppe, Krabbelkreis für junge Mütter, Bibelgespräch und Posaunenprobe, Teenie-Treff und Sitzung der Gemeindehelferinnen, Konfirmandenunterricht, Chorübstunde der Kantorei, Gemeinderatssitzung, Jugendgruppe und Männerkreis, Altglas- und Altkleider-Aktionen, Sitzung der Kindergottesdienstmitarbeiter und Seniorenprogramm, Vorbereitung der Frauenfrühstücke, Treffen zu Instandhaltungs- und Gartenarbeiten, Talk- und Themenabende mit externen Referenten, Taizé-Singen und Wochenschlussgottesdienst. Dazwischen das spontane Normale: Taufen, Hochzeiten, Familienfeste, Beerdigungen.

Von Schulungsseminaren, Ausflügen, Partnerschaftsbesuchen und der Mitwirkung bei kommunalen Anlässen ganz zu schweigen.

Das alles will doch personell erst mal gestemmt sein! Von Ehrenamtlichen. Von Leuten mit Zeit, Kraft und Geld. Von uns Rentnern also!

Larissa Mörkstetter-Kronburg hat mich ins Pfarramt gebeten, direkt hinter der Kirche. »Am Kirchhof 1« lautet die Adresse. Der garagenartig schlichte Zweckbau steht mitten in einem kleinen Park, der früher als Friedhof diente.

Jahrhundertelang waren also die Besucher an mehreren Verstorbenen vorbeigegangen, bevor sie zum Pfarrer kamen. Was sie in die erwünschte Stimmung aus Nachdenklichkeit und Trübsinn versetzt haben dürfte.

Diese »Eintrübung durchs Anmarsch-Ambiente« übernimmt heutzutage die Parkplatzsuche. Ich fahre dreimal ums Karree, bis einer der sechs Stellplätze frei wird. »Parkscheinautomat 400 Meter rechts«, lese ich auf einem Schild. Blödsinn. Ich lege den Kassenbon vom letzten Getränkeeinkauf unter die Windschutzscheibe, trabe an den Toten vorbei zum Gemeindehaus und klingle.

»Die Parkplatzsituation ist geradezu katholisch«, lacht Frau Vikarin, während sie grünen Tee in einer Tonkanne aufgießt, »der Parksünder weiß, dass er sich vom Anspruch des Gesetzes freikaufen kann wie beim Ablasshandel, hahaha.«

Wann kommt sie zur Sache, denke ich, sie will mir doch sicher irgend ein Ehrenamt ans Bein binden …

»In den USA habe ich Woofie-Gruppen kennen gelernt, dagegen ist unser Seniorenkreis …« – »Bitte wen haben Sie kennen gelernt?«

»Die Well-Off-Over-Fifties. Woofies. Das sind in Sun City bei Phoenix/Arizona praktisch alle. Und in Florida fast alle. Die machen Aerobic, Tanzkurse, Klettertouren, Segelfreizeiten, Extremsportarten. In Tampa gab's sogar eine Golden-Girls-Revue, mit Rüschenkleidern und schwarzen Strapsen, wissen Sie, so westernsaloonmäßig hoch das Bein. Nehmen Sie Zucker?«

Ich schlucke trocken. Wer hat noch mal »Die unwürdige Greisin« geschrieben, war das ein Buch oder ein Theaterstück?

»Ach, tatsächlich. Na ja, für die Streuselkuchen-Nachmittage in unserer Gemeinde fühle ich mich auch noch zu jung. Andrerseits würde ich wahrscheinlich nicht …«

Frau Mörkstetter-Kronburg schüttelt ihr wallendes Rauschgoldengelblond.

»Wissen Sie, schon das Wort Seniorenkreis schreckt doch ab. Lateinisch Senex, dann senil und schließlich Sense. Schauen Sie sich selbst an: Sind Sie alt? Sie sind doch …«

»Ich bin 59 und Frührentner«, unterbreche ich sie. Und lauere, was jetzt kommt. Keine hochgezogenen Augenbrauen, kein schlagartig erlöschendes Interesse. Stattdessen ein geradezu erotisierend begeisterter Blick: »Eben! Da bleiben noch knapp 40 Jahre bis dahin, wo Johannes Heesters war, als er bei Gottschalk auftrat!«

Abwarten und Tee trinken, denke ich. Ich werde keine Steptanzgruppe gründen!

Ihr Gesicht ist plötzlich ernst geworden, ihr Blick wandert hinaus in den Park.

»Wussten Sie, dass 30% aller Männer über 65 an psychischen Störungen leiden? Und zwar nicht wegen

Altersdemenz oder Hinfälligkeit, sondern infolge der Lebensumstellung am Ende ihrer Berufstätigkeit!«

Seelsorgliches Feingefühl lernt man an der theologischen Fakultät offenbar nicht. Aber nun gut, sie ist ein junges, forsches Ding.

»Donnerwetter, so viele?«, entgegne ich höflich.

»Also, mir persönlich fehlt nichts, Frau Doktor. Und wenn ich psychisch was hätte, würden mir Tralala und Firlefanz nicht helfen.«

»Da haben Sie Recht. Aber vermutlich auch kein Blechkuchentag in der Gemeindeküche, oder? Also: Was sollen wir mit dem Seniorentreff machen? Es kommen immer weniger Alte, obwohl es immer mehr von ihnen gibt!«

Ich bin baff. Sie will keine Arbeit abwälzen, sondern einen Rat?

Mit einem letzten Schluck trinke ich die kaltgewordene grüne Plörre aus.

»Lösen Sie ihn auf. Laden Sie die Senioren stattdessen zu allen normalen Veranstaltungen ein, ohne Altersbeschränkung. Dann kann die Oma mit dem Enkel in die Krabbelgruppe gehen, der sportliche graue Panther fährt als Mitarbeiter auf die Kletterfreizeit der Jugendgruppe mit, und ich mache Ihnen einen Abend über gentechnisch veränderte Lebensmittel und einen über unsere letzte Studienreise nach Ephesus. Zur Techno-Rave-Night der Teenager werden wir nicht kommen, keine Sorge. Aber integriert sein, verstehen Sie, gefragt sein und was beisteuern können – das interessiert Senioren wahrscheinlich mehr als Evelyn Künnekes letzter Tango im Gemeindehaus.«

Auf dem Kiesweg zwischen der abschiedwinkenden Larissa an ihrer Amtstür und dem letzten Toten am Kirchhof-Ausgang mache ich mir Vorwürfe.

Was musst Du alter Knochen der jungen Pfarrerin Predigten halten!

Unter dem Scheibenwischer meines Wagens steckt ein Überweisungsformular.

30,– DM, na ja. Mein Sündenablass für katholisches Parken. Könnte mir die Gemeinde aber auch als Beraterhonorar erstatten, oder?

# Von der Freiheit,
## ausschlafen zu können

Ich bin Rentner. Kann also jeden Tag ausschlafen. Meinen die Berufstätigen. Kann ich aber gar nicht. Ich könnte es theoretisch, klar. Aber ich tu's nicht.

»Das mit der Freiheit«, sagte meine Frau kürzlich abends ganz unvermittelt tiefsinnig, »das mit der Freiheit ist wahrscheinlich so wie mit der Stadtwohnung.«

Ich dachte, es käme noch was, und schwieg erwartungsvoll. Mausi machte aber eine Pause und blätterte im Fernsehprogramm.

»Du meinst ...«, fing ich an, um ihr auf die Sprünge zu helfen. Nichts.

Da fiel es mir selber ein: »Du meinst, bevor wir hier draußen gebaut haben?«

»Hmhm.«

Sie blätterte weiter, ohne aufzusehen.

Ich erinnerte mich: Als Jungverheiratete wohnten wir in einer winzigen Mansarde mitten in der City. Tags stickig, nachts laut, im Winter zugig, im Sommer heiß. Aber: Kinos, Theater, Oper, Ballett, Restaurants und Museen lagen im Umkreis von zehn Gehminuten. Später zogen wir »raus«, in unseren eigenen Neubau. Ins Grüne. Und lamentierten ein knappes Jahrzent lang, hier »sei ja nichts los«. Also kulturell nichts. Unser Ort war damals ein Dorf.

Mit einem »Gasthof zum Lamm« – wo das Wort »Mittagstisch« mit Kreide auf eine Papptafel geschrieben stand –, mit einem Pornokino, in das sich niemand reintraute, und mit zwei Volksfesten pro Jahr. Eins von der Feuerwehr und eins von den Landfrauen.

Das Dorf ist offiziell immer noch ein Dorf. Inzwischen natürlich eine typische Schlafstadt. Aber »los« ist immer noch nix.

»Wie oft seid Ihr denn in der Stadt in die Oper gegangen?«, fragte unser Roland mal, als er so zehn oder elf war. »Nicht öfter als hier von der Pampa aus!«, prustete ich triumphierend. »Aber rein theoretisch hätten wir in der Stadt öfter gehen können!«, entgegnete Mausi damals gereizt.

»Hmhm, das mein' ich«, seufzt sie jetzt, als hätte sie meine Erinnerung erraten, »die Freiheit der Wahlfreiheit. Dass man könnte, wenn man wollte, auch wenn man nicht will.« Ich weiß gar nicht, worauf sie hinaus will.

»Mit Freiheit hat das nichts zu tun«, gähne ich und ziehe die TV-Zeitschrift zu mir herüber. »Ich könnte zum Beispiel morgens ausschlafen und will es auch. Ich kann es aber nicht!«

»Sag bloß, weil ich nun mal berufstätig bin und um halb sieben …«

»Nein, nein«, wiegele ich ab, »weil Ausschlafen nichts Besonderes mehr ist!«

Mausi starrt mich an. Um ihrem Blick auszuweichen, schaue ich tief ins bunte Heft, als interessierte mich der versammelte Privatsenderquatsch von nächster Woche.

»Quatsch!«, sagt sie mit einer oberlehrerhaften Bestimmtheit, die zum Glück nicht oft in ihren Sätzen mitschwingt. »Du rumorst in aller Herrgottsfrühe durch die Wohnung, weil Du auf die Toilette musst! Weil Du es Jahrzehnte lang um die Uhrzeit so gewöhnt warst! Weil Du nicht mehr einschlafen kannst, wenn ich weg bin. Weil Du von Deinem eigenen Schnarchen wach wirst, wenn Du langsam auftauchst! Weil Deine Matratze eine Zumutung ist! Ich hab schon vor einem halben Jahr gesagt, lass uns eine gescheite Matratze kaufen. Beim Haubersmoll hab' ich gesehen, gibt's gerade … ja! Das machen wir! Morgen Nachmittag wird eine neue Matratze gekauft!«

Warum Frauen immer so steil von den Höhen philosophischer Begriffe in die Niederungen der Kaufhäuser abrutschen können!

Was ist Freiheit, hatte sie angefangen.

»Es liegt nicht an der Matratze«, brumme ich matt. Bücke mich mühelos vor, um die Fernbedienung unter dem Beistelltischchen hervorzuangeln, und zappe durch das absurd aufgekratzte Allerlei der Shows und Werbeblöcke.

»Mein Rücken ist völlig o.k, wie Du siehst. Außerdem könnte ich dann ja auch mittags nicht so gut schlafen. Nach dem Essen bin ich immer sofort weg!«

Bei einer ruhigen Reisedokumentation bleibe ich hängen. Zu mystischer Panflötenmusik zoomt die Kamera langsam über eine karge Wüstenlandschaft auf ein paar graubraune Hütten zu. Peruanische Hochebene vielleicht. Oder Mexiko. »… das wollen wir nun von Senhor Jorge Armas wissen …«, sagt die Sprecherstimme gerade, obwohl man im Moment nur

99

einen zerfransten Strohhut über einem Plastiktisch sieht. Da sitzt einer. Der Schatten des Interviewers fällt auf die Szenerie, aus dem Off ist eine spanisch gestellte Frage zu hören. Die Kamera schwenkt auf Tischkantenhöhe, die Frage wird wiederholt – nichts.

Herr Armas schläft. Im Sitzen. Am Tisch. Während ein Kamerateam aus Deutschland bei ihm ist.

»Es liegt an der inneren Ausgeglichenheit«, sage ich, fernsehend, »wer in sich ruht, kann überall zur Ruhe finden. Mir gehen aber morgens tausend Dinge durch den Kopf. Ich kriege relativ schnell Kaffeedurst. Ich höre, wie die verschiedenen Nachbarn ihre Garagentore betätigen, wer um wieviel Uhr zur Arbeit fährt, wie Du aus dem Bad kommst, wie oft die Küchentür auf- und zuklappt ...«

Der Südamerikaner auf dem Bildschirm ist ruckartig aufgewacht, blinzelt in die Kamera, streicht sich grinsend den grauweißen Stoppelbart und ruft irgendwas Lustiges. Jedenfalls lachen ein paar Leute im Hintergrund. Peinlich ist ihm das Ganze offensichtlich nicht.

»... und ich hab das ja die ersten Monate auch genossen. Aber dieser flache, traumvolle Halbschlaf bis halb neun, der bringt überhaupt nichts. Zur Hauptarbeitszeit angerufen zu werden und nach viermal Klingeln sagt eine verkaterte Stimme: Guten Morgen – also Ruhestand hin oder her, das finde ich einfach ...«

Der Mexikofilm zeigt jetzt Jorge Armas ohne Hut vor einer Art Hühnerfarm.

Mein Daumen auf der Fernbedienung hat »off« gedrückt.

Ich lege die Füße auf's Tischchen und lehne mich zurück.

Die plötzlich fernsehlose Stille im Wohnzimmer wird wie von akustischen Furchen durchzogen. Ganz langsam und gleichmäßig pflügt da ein Geräusch her und hin, zurück und vor … Ach: Meine liebe Gemahlin ist eingeschlafen.

Wenn sie auf dem Sofa in Schräglage gerät – keine Brüllshow und kein Actionthriller können verhindern, dass Margarete wegnickt.

Leise hebe ich unsere Schuhe auf, räume die halb leeren Weingläser in die Küche und rücke die Sessel zurecht. Dann beuge ich mich über meine schlafende Schönheit: »Psst – komm. Lass uns ins Bett gehen, mein Schatz. Du musst morgen wieder früh raus!« – »Du auch«, sagt sie.

# Gut sehen
## beim Hotelfrühstück

Ich bin Rentner. Und trage zum Autofahren zwar eine Brille, habe aber ansonsten noch recht gute Augen. Wenn mich allerdings in Kaufhäusern oder Supermärkten die unglaubliche Vielfalt der Angebote freundlich überfällt, verliere ich den Überblick. Dann verschwimmt alles in meinem Gesichtsfeld zu einer großen bunten Produkt-Wolke. »Das liegt nicht an Deinem Alter, sondern an Deinem Geschlecht«, hat meine Frau mal gesagt. »Männer sind vor Waren-Regalen nicht weit- oder kurzsichtig, sondern blödsichtig.«

Ich glaube, sie hat Recht. Auf Anhieb sehe ich nie, worauf Mausi mich hinweisen will. Und dann zweifle ich an meiner Auffassungsgabe. Habe den Eindruck, begriffsstutzig zu sein. Kurz: Ich komme mir alt und langsam vor.

Dabei bin ich erst 59 und Frührentner. »Aber immer noch Frühaufsteher!«, wie mein Sohn manchmal spottet. Roland ist 33 und Kardiologe. »Ein Arzt fürs Herz«, sagt meine Frau immer voll Mutterstolz. Unser Ältester war zufällig auf einem Ärztekongress in der Gegend und lud mich zum Frühstück in sein Konferenz-Hotel ein. Ich band mir kurz nach sechs Uhr einen korrekten Schlipsknoten, stand eine dreiviertel Stunde im Stau und betrat pünktlich um sieben Uhr das vollverglaste Wintergarten-Restaurant der teuersten Nobelherberge in der Stadt. Ein riesiger sechseckiger

Raum mit etlichen Büfett-Inseln in der Mitte. Gedämpftes Licht in zahllosen Spiegelreflexionen, prachtvolle Kübelpflanzen, emsig betriebsame Kellner, auffällig gekleidete Damen – ein verwirrendes, ein so früh am Morgen auch irgendwie unübersichtliches Szenario. Neben einer reedgedeckten Markise das Wort »Breakfast Barn«. Auf deutsch: »Frühstücks-Scheune«. Dekoriert mit Strohballen, Landwirtschaftsgeräten und ausgestopften Hühnern. Fast hätte ich meinen Sohn Roland übersehen. Obwohl er direkt davor stand. Wir begrüßten uns herzlich.

»Ach da bist Du. Morgen!«

»Morgen, Papa! Nimm' Dir alles, was Du willst. Ich sitz' da hinten an der Glaswand.«

Weil die Zeit zum Reden vermutlich knapp werden wird, greife ich mir geschwind zwei Brötchen und – ja, dann stehen da Diätmargarine in Plastikdöschen, Normalmargarine im Rama-Rund, gesalzene Butter im Steinguttöpfchen, Erdnussbutter im Glas und normale Butter als ausgestanzte Blumenblüten im Eiswasserschälchen. Zwei Meter weiter: Neun offene Einweckgläser mit langstieligen Löffeln drin, kreisförmig aufgestellt, so dass ich die handbeschrifteten Etiketten nicht lesen kann. Durch geduldiges Drehen der Gläser mit inzwischen klebrigen Fingern finde ich heraus: Es gibt Orangen-, Aprikosen-, Erdbeer-, Himbeer-, Johannisbeer-, Brombeer-, Blaubeer-, Kirsch- und eine Mischung-aus-allem-Marmelade.

Nach etwa zehn Minuten steuere ich endlich Richtung Roland, bloß: An welcher aller Glaswände sitzt der?

»Papa? Hier bin ich!« Schräg hinter mir ein Ruf wie vor 30 Jahren, als wir zusammen Blindekuh spielten. Die plötzlich aufblickenden Tischnachbarn scheinen zu prüfen, ob ich Tattergreis mich wenigstens alleine hinsetzen kann. Niemand denkt das wirklich, ich weiß. Aber ich denke, sie könnten es denken!

»Na Mensch, Du hast ja kaum was auf dem Teller!«, sagt mein Sohn fröhlich und eine Spur zu laut. »Nutz' das doch aus, Papa, da drüben gibt's mehr Fisch als bei einem schwedischen Smörgasbord.« Wo, da drüben? Na, ist ja egal.

»Wie läuft's auf Eurem Ärztekongress?«, lenke ich ab. Auf seinem Teller häufen sich Lachs, Kochschinken, Rührei, winzige Bratwürstchen und putzige kleine Pfannkuchen. Keine Ahnung, woher er das alles hat!

»Och, es geht so. Referate und Arbeitsgruppen, das Übliche. Jetzt um halb 9.00 Uhr hält der alte Müller-Tiefenbach seinen Vortrag über die ›Duplex-Sonografie großer Gefäße‹.«

Große Gefäße? Ich denke an die drei, vier silbernen Warmhaltekasserollen mit goldblinkendem Messingknauf, an denen ich vorbeigekommen sein muss, und an die Arterien meines großen Sohnes. Bei *den* Cholesterinmengen auf seinem Teller!

Roland weist mit dem Kopf in Richtung eines zweiten Büfetts, das mir noch gar nicht aufgefallen war: »Hast Du gesehen, was die hier während ihrer ›Jogger's Week‹ anbieten? Komm mal mit ...«

Wir marschieren zu einer Reihe großer rotbrauner Tongefäße mit kleinen weißen Schildern dran.

Leinsamen, Weizenkleie, Nutri-Grain. Rosinen-, Walnuss-, Kokos-, Haselnuss- und Cashew-Müsli, Schoko- und Früchtemüsli, Apfel/Zimt- und Diabetiker-Müsli, Haferflocken, Smacks und Cornflakes, Zitronat und Orangeat, geschwefelte Bananenscheiben und schrumpelige Dörrpflaumen. Als nichts mehr auf meinen gehäuften Suppenteller draufpasst, sagt die Kellnerin: »Sie können auch unsere Müsli-Hausmischung nehmen. Da haben Sie gleich alles in einem!«

Aaaah ja. Das letzte Schildchen der Tonkrugparade hatte ich noch gar nicht entdeckt.

Auf dem Rückweg überholt mich eine Dame, die ihre Hausmischung mit weißem, rosafarbenem und bläulich-violettem Jogurt übergossen hat.

Irgendwo muss noch eine Milchbar sein, denke ich und suche wieder nach unserem Tisch. Es ist viertel vor acht, und ich fühle mich etwas müde.

Das Gespräch mit Roland drehte sich dann noch eine Weile um seinen Kontostand, meinen Gesundheitszustand und den Stand der Dinge allgemein.

»Ich muss los, Paps. Dein Frühstück geht auf meine Zimmer-Nummer, okay? Grüß Mama herzlich. Vielleicht ruf' ich heut' Abend mal an.«

Mein Junge entfernte sich zielstrebig in eine Richtung, von der ich sicher war, sie führe vor eine Glaswand. Muss aber doch wohl der unsichtbare Hauptausgang gewesen sein, denn Roland war verschwunden.

Als ich, völlig überfressen und mit dem Gefühl, das meiste gar nicht ausgenutzt zu haben, vor meinem Wagen in der Tiefgarage stand, fehlten mir meine

Brille und der Autoschlüssel. Wenn ich die zwischen Erdnussbutter und Johannisbeermarmelade oder zwischen Sechskornmischung und Dinkeltonkrug liegen gelassen hätte, wüsste ich, wo ich suchen müsste. Aber an welchem Tisch saßen wir, verdammt noch eins?!

Bin ich als 59-jähriger Brillenträger denn zu alt, um in einem guten Hotel zu frühstücken?

# Versuchungen
## beim Schwedisch-Kurs

Ich bin Rentner. Und könnte, rein terminlich, jeder Einladung zu einem »zwanglosen Beisammensein« Folge leisten. Allein schon das Wort!

Wurden Sie jemals zu einem »zwanghaften Beisammensein« eingeladen?

Was soll die Beteuerung, es werde »ganz zwanglos«? Aber vielleicht ist »zwanglos« sprachlich so gegenteilslos wie die Wörter »unwirsch« und »barsch«. Ist jemand sanft und nett, heißt es nie »sagte er wirsch« oder »entgegnete er unbarsch«. Die Unlogik einer Sprache plagt mich, seit ich arglos die Einladung zu einem »Schnupper-Einführungs-Abend Schwedisch« angenommen hatte »mit anschließendem zwanglosen Beisammensein«.

In der Volkshochschule. Vor fast zwei Jahren. Mausi, meine Frau, wollte hin, weil Merheims von schräg gegenüber ein Ferienhaus bei Uddevalla besitzen. Das war ihre Begründung, ernsthaft!

Ich kam mit, weil Lachsschnittchen und Blaubeerkuchen angekündigt waren.

Seither sind wir jeden Donnerstag Abend und bei jedem Wetter in das düstere Backsteingemäuer einer alten Berufsschule gestapft, haben jedesmal die bekritzelten und zerritzten Tische und Stühle herbeigeschleppt – »Teachers, fuck off« ist nicht schwedisch – und dann verblüfft gebüffelt. Weil Schwedisch nur so aussieht, als wäre es ganz leicht.

»Janssons frestelse ist sächsischer Genitiv, also: Die Versuchung des Jansson!«

Viel Volks ist schon früh einer ständig spürbaren Versuchung erlegen und hat die »Hochschule« aufgegeben: Im ersten Semester waren wir 42, im zweiten noch 19, im dritten Semester 11 Teilnehmerinnen und ein Teilnehmer. Also ich. Außer meiner Frau sind alle anderen von ihren Männern im Stich gelassen worden! Was das Schwedische angeht, meine ich.

Dieser Gattenmangel im Kurs führte aber zu so viel hemmungslosem Von-Frau-zu-Frau-Getratsche vorher und hinterher, zu so viel »jetzt mal ganz unter uns«-Getuschel in der kurzen Pause, dass sich ganz automatisch zwei Exoten von der Gruppe abhoben: Unsere Lehrerin und ich!

»Varsagoda!«, ruft sie lächelnd in den Raum hinein. Hört sich an wie »Wahschoguuda« und soll wohl eine Einladung oder Aufforderung sein.

Bloß: zu was? In Versuchung, vom Lernstoff abzuirren, bringt mich Ulla-Carin Mosberg nicht allein ihres attraktiven Aussehens wegen, sondern weil sie was Aristokratisches hat. Ohne eingebildet zu sein. Vornehm, aber nicht blasiert, verstehen Sie? Etwa mein Alter, relativ schlank, gepflegt gekleidet, aber leger, die schulterlang rotblonden Haare hinter dem Kopf hochgesteckt, dezent geschminkt und – tja, souverän ist sie. Ruhig über den Dingen stehend, aber entschlossen. Nie unwirsch. Oder barsch.

Obwohl wir höchstens vier Lektionen pro Semester schaffen. Weil höchstens vier von uns zwölf zu Hause lernen. Und weil eine vierzigjährige Verlagskauffrau

die jüngste und offenbar einzig sprachbegabte Teilneh-
merin dieses Kurses ist. Alle anderen erinnern sich nur
noch dunkel daran, was vor 30 Jahren in der Schule
Pronomen, Adverb oder Konjugation bedeutete.

Nur der Konjunktiv, der ist leicht.

»Ich würde gerne mal, könnte vielleicht und täte
am liebsten« auf Schwedisch? Kein Problem. Komi-
scherweise schweifen auch bei leichten Lektionen
meine Gedanken oft dahin ab, was ich gern würde,
könnte, täte …

»Was ist denn die Versuchung des Jansson?«, mel-
det sich eine penible kleine dicke Frau hinten.

»Genitiv!«, sagt Ulla-Carin.

»Nein, ich meine, woraus besteht sie?«

»Aus eingelegtem Fisch! Es ist ein Rezept.«

Warum ich trotz dieser Ernüchterungen immer
noch in der VHS-Klasse sitze, hat mit Frau Mosberg
zu tun, glaube ich. Und warum Mausi immer noch
mitkommt, hat wohl auch mit Frau Mosberg zu tun.

Merheims verkauften nämlich letztes Jahr ihr
Stuga-Häuschen an der Westküste, ohne uns jemals
dorthin eingeladen zu haben. Als ich meine Frau daraufhin fragte, welchen Grund es jetzt noch für sie
gäbe, in der VHS …, da schnappte sie nur: »Andere
Rentner schreiben sich an der Uni ein!«

»Där finns ingenting ist was?«

Ulla-Carin, Verzeihung, unsere Lehrerin, wirft
ihren rotblonden Schopf herum und strahlt mich an.

»Ein Deponens!«, antwortet Mausi, wie aus der
Pistole geschossen.

110

Keine Ahnung, was das ist. Aber Margarete unterstreicht gerade mit Leuchtmarker in ihrem Heft »passive Form mit aktiver Bedeutung«, also rufe ich hinterher: »Passive Form mit aktiver Bedeutung, oder?!«

Und Frau Mosberg nickt lächelnd. Für diese Grübchen lohnt es sich, Schwedisch zu lernen, weiß Gott!

»Zu deutsch?«, fragt sie mich jetzt.

»Da findest Du nichts!«, antwortet Mausi mit Bestimmtheit, »grammatikalisch: Da wird nichts gefunden. Där finns ingenting!«

»Richtig!«, sagt Frau Mosberg. Und schmerzlich erinnere ich mich, dass das stimmt.

Sie hatte nämlich unsere ganze Klasse am 13. Dezember zum typisch schwedischen Luzia-Fest eingeladen. Zu sich nach Hause! Meine Frau hatte Grippe und trotzdem nichts dagegen, dass ich hinging. Was ich ihr hoch anrechnete. Und mir gleichzeitig ausrechnete, dass ich auf dieser Fete der einzige Mann in Ulla-Carins Haus sein würde! Aber nicht nur das Haus entpuppte sich als Enttäuschung: Unsere geschmackvoll aristokratische Lehrerin wohnte nicht in einem dunkelrot holzverschalten Bungalow am Waldrand, sondern im dritten Stock einer Mietskaserne.

Als ich, zugegeben, etwas aufgeregt, überparfümiert und mit einem von Mausi nett eingepackten Rezeptbuch deutscher Fischgerichte in der zitternden Rechten, mit dem linken Zeigefinger vorsichtig klingelte, näherten sich von innen schwere Schritte.

»Hej hej!« Die Tür wurde aufgerissen, eine Pranke streckte sich mir entgegen:

Der Mann im großkarierten Flanell-Hemd, mit Dreitagebart, Lesebrille, Jeans und Kloggs grinste breit, bat mich herein und sagte auf Deutsch: »Willkommen. Ich bin Anders.«

»Das kann man wohl sagen!«, wäre mir beinah rausgerutscht.

Aber dann fiel mir ein, dass es wohl »Andersch« ausgesprochen wird und sein Vorname sein muss.

Sie war verheiratet? Warum hatte sie das niemals und mit keinem Sterbenswörtchen …!

Ich lieferte artig mein Geschenk ab, ließ mir aus dem Mantel helfen, und als Ulla-Carin mich grübchenlächelnd ans Buffet bat, sagte ich, gar nicht unwirsch oder barsch: »Man lägger Janssons fresteese i ättika med lök, ser jag.«

Das heißt: »Man legt Janssons Versuchung in Essig und Zwiebeln ein, wie ich sehe …«

# Sex im Alter:
## Die Nackenrolle

Ich bin Rentner. Aber erst 59. Meine Frau ist 51. Jetzt sind Sie schon seit etlichen Folgen gespannt, ob wir noch jene gewissen Situationen erleben, in denen sich zwei Liebende ... also, ob wir und, äh, wenn ja, wie wir, und wie oft ... Kurz: Sie wollen eine Bettgeschichte?! Na gut:

Ich bin gesund, im Großen und Ganzen jedenfalls. Nicht schlank, aber auch nicht dick. Das Leben hat seine Spuren am Körper hinterlassen, klar. (In der Generation unserer Väter war das eine Umschreibung für »Bein im Krieg verloren«. In meiner, der Nachkriegsgeneration, ist das eine Beschönigung für »Taille im Restaurant verloren«.) Also, ich bin dankbar für meinen Geburtsjahrgang und besorgt über die Jahresringe und ihren Umfang. Aber: keine Glatze, kein Gebiss! Stattdessen: sonnengebräunt, gerade Haltung, federnder Gang. Leider höre ich ganz selten Komplimente zu meinem körperlichen Zustand. Das liegt aber nur daran, dass den Menschen die Worte fehlen, wenn sie mich sehen!

Moment, Moment, nicht missverstehen bitte: Jüngere Leute haben keine zutreffenden Begriffe mehr, glaube ich, um Männern und Frauen der Gruppe »50 plus« noch etwas Anerkennendes zu ihrem Körper zu sagen. »Noch sehr rüstig, doch doch!« – das klingt, als hätte ich zur Freude der Pflegeschwester die Schnabeltasse alleine zum Munde geführt.

»Knackig, der Alte!« – das wäre vulgär und anzüglich.

»Die reife Frau, wie edler Wein« – das mag ja nett gemeint sein, aber ich denke dabei an Stützstrümpfe in diakonissengrau und Faltenröcke mit Bundweite Äquator.

Aus solcher Sprachlosigkeit flüchtet man sich in Myriaden müder Witze über Sexualität im Alter. Erst haben Mausi und ich uns empört (»Je oller, je doller, was?«), dann haben wir selber blöde Beteuerungen von uns gegeben (»der Herbst hat auch noch warme Tage ...«), und dann merkten wir, wie gut wir's haben!

Während der Jahre, in denen unsere Kinder Partner suchten (und wechselten und nicht fanden und weitersuchten und wieder verloren und neu fanden ...), begriffen wir plötzlich: Wir, wir Älteren, genießen den Sex viel entspannter!

Kein Leistungsdruck allzeitbereiter Attraktivität und Erregbarkeit mehr, kein Konkurrenzgegockel und Pfauen-Radschlagen ums Beachtetwerden mehr, keine ernsthaften Eifersuchtsdramen mehr, kein hochnotpeinliches Herantasten und Herausfinden mehr, welchen Stellenwert und welche Symbol- und Signalwirkung »es« beim Partner haben wird oder hatte oder hätte haben können usw. usw. Dieser ganze Kladderadatsch, diese Irrungen und Wirrungen der Gefühle sind lange her. Gott sei dank. Uns verbrennen keine erotischen Stichflammen und Strohfeuer mehr die Nerven; uns wärmt eine gepflegte Glut das Gemüt. Ehrlich. Und das Beste: Schwanger werden kann Margarete auch nicht mehr!

Ein paar Jahre lang vermuteten wir noch ein bisschen neidisch, die jungen Paare zwischen 25 und 40 täten's wahrscheinlich immer und überall oder zumindest nach dem Maße Martin Luthers. »In der Woche zwei bis vier, schadet weder ihm noch ihr«, soll er ja mal gesagt haben. Bis mein Sohn Roland, der gestresste Kardiologe, auf seinem 33. Geburtstag das Glas erhob und, leicht angetrunken, seiner Frau zuprostete: »Der schönste Fall ist der Beifall, der schönste Schlaf – ist tief und fest!« Die Ringe unter den Augen unserer Schwiegertochter und das abwechselnde nächtliche Schreien ihrer zwei Kleinkinder schienen diese Diagnose zu bestätigen. Nix Martin Luther und Katharina von Bora. Knapp bemessene Stunden des Erschöpfungsschlafes, schätz' ich mal. Basta.

Nein, nein, dagegen haben's Mausi und ich ganz kommod miteinander. Wir beneiden niemanden mehr. Weshalb ich auch sehr gelassen die Witze ertrug, als »Viagra« erfunden wurde.

»Im Schlafzimmer steht nur noch der Wäsche-Ständer?« Lächerlich! »Schnell schlucken, Opa, sonst kriegst Du einen steifen Hals?« Pah!

Obwohl, na ja, also das mit dem steifen Hals ist schon ein Problem. Auch ohne »Viagra«. Schauen Sie: Mausi und ich fahren oft und gerne in Urlaub. In den Prospekten steht alles über die landschaftliche Lage, das Essen und die Zimmerausstattung der Hotels und Ferienhäuser. Aber nie über die Beschaffenheit der Betten! Was nützt es mir, vom Schlafzimmer auf den romantischen See hinausblicken zu können, wenn ich das die ganze Nacht tun muss. Weil ich nicht schlafen kann. Weil meine Matratze wieder mal eine Hänge-matte ist! Meine Frau hat schon die ganze Minibar leergetrunken aus lauter Langeweile. Weil ihr Bett ein Brett war, und sie nicht schlafen konnte.

Noch schlimmer: Stark federnde durchgängige Matratzen. Wenn Sie beim Wort »französisches Bett« lüstern die Lippen schürzen und »Oh la la« durch die Zähne pfeifen, haben Sie offenbar noch nie in einem geschlafen. Also fest zu schlafen versucht, meine ich. Sie drehen sich rum – die Frau ist wach. Die Frau rich-tet sich kurz auf – Sie fliegen fast raus.

Die Rückenschmerzen und Schulterverspannun-gen, die uns Trampoline, Hängematten oder Fakir-bretter zufügen, können wir manchmal durch gegen-seitige Massage und behutsame Morgengymnastik beseitigen.

Aber gegen die steinharten, kleinen Kopfkissen Italiens oder gegen die berühmte Nackenrolle Frank-reichs sind wir machtlos. Nichts geht mehr. Gar nichts. Steifer Hals! Tagelang. Der Volksmund behauptet im-mer noch, »ein reines Gewissen« sei das beste Ruhe-kissen. Mag ja sein. Aber uns als Ehepaar genügt das nicht. Bei aller Herzensreinheit: Wir brauchen, dazu und überhaupt, auch Kopfkissen. Und zwar weiche.

Früher glaubte ich, wenn Mann und Frau nach ei-ner gemeinsamen Hotelnacht am Frühstückstisch sit-zen, sich in die Augen schauen und dabei den Kopf seitlich geneigt halten, dann sei das besonders zärt-lich. Ein Zeichen verliebter Zuneigung. Stimmt gar nicht. Die können nicht anders! Wegen der Nacken-rolle.

Und deshalb verrate ich Ihnen jetzt unser kleines erotisches Geheimnis: Auf Reisen nehmen Mausi und ich immer unsere eigenen Kopfkissen von zu Hause mit. Überall hin. Anfangs schämte ich mich ein bisschen dafür und stopfte das Kopfkissen in den Koffer. Dann ging aber kaum noch was anderes rein. Inzwischen treten Margarete und ich schamlos und unbekümmert vor jede Hotelrezeption der Welt, in der einen Hand den Koffer, unter dem Arm unser Kopfkissen. Was die meist blutjungen hochgestylten Leute hinter dem Tresen dabei über Sexualität im Alter denken, ist uns egal. Wir wollen schließlich auch im Urlaub so gut schlafen wie zu Hause. So oder so.

# Ich und die
# Informationsgesellschaft

Ich bin Rentner. Und bediene entgegen anders lauten-
den Gerüchten nicht nur die »Alt«-Taste meines
Computerkeyboards! Nein, ich gehöre zu jenen 20%
der über 50-Jährigen, die einen Internet-Zugang besitzen, jawohl. Nicht etwa, um bei »SeniorenNet« das
Surfen erst zu lernen oder bei »Feier@bend« mit ein-
samen Witwen zu chatten, sondern ... um, also, tja,
wofür habe ich meine Eintrittskarte zum Weltwissen
eigentlich?

Mein erster Versuch, die Ergebnisse einer Bilanz-
pressekonferenz des Chemiekonzerns Bayer zu finden, dauerte bis kurz nach Mitternacht – »bitte war-
ten, die Seite wird aufgerufen« – und endete mit rund
15.000 Informationen über das Land Bayern. Morgens um halb sieben lagen die Bayer-Zahlen im Wirt-
schaftsteil unserer Lokalzeitung auf dem Frühstückstisch. Aber ich war zu müde, um sie zu lesen.

Vor Ärger über mich selbst – denn es liegt immer
nur an einem selbst! – konnte ich nämlich auch lange
nach dem Abschalten nicht abschalten. Innerlich,
meine ich.

Computer können einen demütigen, wie man seit
Inbetriebnahme des Videorecorders nicht mehr ge-
demütigt wurde, glauben Sie mir!

Alle anderen können ihn spielend handhaben, alles
ist ja auch ganz einfach, alles geht ganz schnell, bloß:
Sie, Sie kommen nicht drauf! Haben eine Maus in der

Faust, glotzen wie der Ochs vorm Scheunentor, und das Programm bockt wie ein störrischer Esel.

Was tun vier Software-Entwickler, deren Wagen mit einem Getriebeschaden auf der Autobahn stehen bleibt? Sie steigen aus – und dann steigen sie wieder ein!

Aber wenn nicht mal Strg + Alt + Esc was hilft?

Und wenn Sie dann mal, leicht gereizt, leicht verschwitzt, die gesuchte Information aus dem Drucker ziehen und mit dem »Heureka, ich hab's!«-Schrei des Archimedes durch die nächtliche Stadt springen möchten vor Stolz, dann stellen Sie meist fest, dass dieser Internet-Fund veraltet ist oder so nicht stimmt oder vorgestern ohnehin im Radio kam.

Ich gestatte mir also zu mutmaßen: Wer nicht aus wissenschaftlichen oder beruflichen Gründen, nicht zum Einkaufen und nicht zum Aufgeilen durch das Internet surft, der tut es genau so, wie man Wartezimmerzeitschriften durchblättert: mäßig bis müßig Informationen aufnehmend, die man eigentlich nicht braucht und gar nicht wissen wollte.

Mausi predigte mir das ja von Anfang an.

»Informationsaufnahme ist noch kein Denken, und Daten speichern ist noch kein Wissen«, flötete sie mit ironischem Unterton, als ich endlich vom Arbeitszimmer ins Schlafzimmer geschlurft kam. Während sie im Bett einen Otto-Katalog durchsah, ist das zu fassen?!

Noch bevor ich die Segnungen des Internet preisen konnte, an die ich selbst nicht recht glaube, krittelte sie weiter: »Überleben in der Informationsgesellschaft kann nur, wer das vorhandene Wissen sichtet, systematisiert und Wichtiges von Unwichtigem zu unterscheiden weiß. Für uns Lehrer das A und O.«

»Ah!«, machte ich und »Oh, tatsächlich?« Müde rieb ich mir die geröteten Augen. Unser Digitalwecker blinkte hämisch »00.13« vom Nachttischchen herüber. Da, wo ich meine Pyjamahose vermutete, lag noch der Reiseführer »Toskana« zwischen den T-Shirts. Blitzartig erinnerte ich mich. Und schritt zum Racheakt: »Der älteste Teil des heute sichtbaren Bauwerks ist die Fassade, die an Stelle eines älteren Portikus errichtet wurde und sich mittels zweier Bögen über dem Gewölbe des Atriums auf der Fassade Anselmos aus dem 11. Jahrhundert abstützt. Oberhalb des Atriums entstand somit ein Hohlraum, der zum Inneren hin geöffnet wurde«, rezitierte ich mit pathetischem Tremolo wie ein Schauspielschüler. Margarete lachte. »Was soll das?« Sie schien tatsächlich entgeistert.

»Die Inschrift auf der Schriftrolle, die von einer männlichen Figur auf der, vom Campanile her gezählten, letzten Säule der ersten Loggia gehalten wird, nennt den Baumeister Guidetto da Como, der sein Werk 1204 beendete.«

»Hör jetzt auf, Franz! Ist das über Florenz oder Siena?«

»Lucca, mein Schatz. Eine Beschreibung des Doms. ›Nachdem sich der Apsidalbereich als statisch instabil herausgestellt hatte, musste die dreischiffige Basilika ...‹«

»Fraa-haanz!«

»Meine liebe Gattin Lehrerin« – ich warf das Büchlein zurück in den Kleiderschrank –, »diese lebensnotwendig wichtigen Informationen hast Du noch vor acht Wochen nicht etwa gemütlich im Bett liegend oder vor einem Bildschirm sitzend zur Kenntnis genommen, sondern Dir im Stehen bei 30 Grad Hitze von einem radebrechenden Italiener angehört! Mit offenem Mund, den Kopf im Nacken!«

Triumphierend zog ich meine Cordhose aus.

»Ja und? Was hat das mit dem Internet zu tun?«

»Ich will damit sagen: Auch Du hast schon viel Geld und Zeit aufgewendet, um Informationen zu bekommen, die so nötig sind wie eine zweite Nase. Wo ist denn … meine Güte … ich suche meinen Schlafanzug, Mausi.«

Wir haben uns dann zufrieden kichernd aneinander gekuschelt und sind eingeschlafen. Das heißt, meine Frau ist eingeschlafen. Ich überlegte noch eine Zeit lang, ob ich die Daten auch richtig abgespeichert und das Programm korrekt beendet hatte.

# Mitgefühl und Betroffenheitsgrenze

Ich bin Rentner. Dauernd reperaturbedürftige Zähne hatte ich aber schon als Student. Hätte ich für all die Vor- und Nachmittage meines Lebens, die ich in Zahnartzpraxen zubrachte, den Stundenlohn einer Putzfrau bekommen, wäre ich inzwischen reicher als Bill Gates. Seit ich nun auch noch Rentner bin, säuselt die Sprechstundenhilfe am Telefon jedesmal: »Kommen Sie doch einfach vorbei, wir schieben Sie schon irgendwo dazwischen.« Übersetzt bedeutet das: Hiermit verurteile ich Sie zu zwei Stunden Wartezimmer!

Wenn ich da so hocke und das stetig tröpfelnde Rinnsal der Hereinkommenden und Hinausgehenden beobachte; wenn ich die bemüht leise geführten Gespräche derer, die sich offenbar kennen, mit anhöre (im Gegensatz zu meinen Zähnen sind meine Ohren nämlich in Ordnung) und wenn gleichzeitig die Bohr-, Schleif- und Absauggeräusche aus den drei Behandlungszimmern herüberdringen – dann denke ich:

Wie im richtigen Leben! So isses.

Man weiß genau: Da leidet gerade jemand. Hat Angst. Hat Schmerzen. Kriegt Schweißperlen auf der Stirn. Zuckt zurück. Kneift die Augen zu. Krallt sich an den Armlehnen fest. Aber man weiß auch: Ich kann, ich muss und ich will nichts unternehmen! Ich bleibe einfach hier sitzen.

Ein symbolisches Abbild des richtigen Rentnerlebens finde ich das deshalb, weil wir Kinder haben. Drei erwachsene Kinder. Nicht, dass wir grundsätzlich unglücklich mit ihnen wären, nein nein. Aber sie selbst, unsere Kinder, waren oft unglücklich. Anfangs nur über den einen oder anderen Pauker – was Mutter Margarete nur allzugut verstand und mit heldenhaft ausdauernden Nachhilfestunden zum Teil ausgleichen konnte –, dann waren sie hin und wieder unglücklich verliebt – was Vater Franz mit nächtlichen Abholfahrten von den Parties ein wenig abmildern konnte –, aber schließlich und endlich war unsere Rosie tatsächlich und offensichtlich unglücklich verheiratet!

Saß mit 29 wieder heulend auf unserer Küchenbank, vertelefonierte an einem einzigen Wochenende mehr Einheiten als in ihren ganzen Teenagerjahren zusammen und – tat uns einfach nur unendlich leid.

»In Ehekunde kannze keine Nachhilfestunden geben«, sagte Mausi im Laufe der Trennungsjahre lapidar. »Und einfach abholen kann ich Rosie auch nicht.« Mehr fiel mir dazu nicht ein, denn: Dass wir Alten »uns da raushalten müssen«, war und ist ein selbstverständlicher Grundsatz. Bloß: Wie hält man sich richtig raus, wenn man falsch reingezogen wird?

»Mit 58 hatte ich die letzte Rate der Hypothek auf unsere Reihenhaushälfte getilgt, da wurde mein einziger Sohn arbeitslos und ließ sich scheiden. Und was haben wir gemacht? Noch mal 50.000,– DM Bürgschaft auf die Hütte genommen, ja dankeschön! Aber schauen Sie: Wovon soll der Junge denn wieder auf die Füße kommen?«

Als mir das mein ehemaliger Kollege erzählte, dem zuliebe ich einmal (und nie wieder) zum Kegeln mitgegangen war, fühlte ich mich richtig gut. Souverän überlegen. Mich finanziell für einen 32-Jährigen krummlegen? Nie und nimmer! »Irgendwann muss Erziehung und Verantwortung auch mal ein erkennbares Ende haben!«, trötete ich noch klug daher.

Ein paar Monate später stand unser Schwiegersohn vor der Tür. Und machte uns Vorhaltungen über Rosies Erziehung. Was wir von der frühkindlichen Prägung bis hin zum »von uns vorgelebten Ehemodell« alles falsch gemacht hätten im letzten Vierteljahrhundert. Ihm sei in einer Therapiegruppe jetzt klar geworden, wer seine Frau derartig verkorkst hätte: Wir natürlich! Ihre Eltern.

Mausi fing an zu weinen. Er auch. Ich ging wutentbrannt ein paar Mal raus, kam aber doch immer wieder rein. Als unser Schwiegersohn zum Schluss mit dem Vorschlag rausrückte, wir, Rosies Erzeuger und Erziehungsversager, sollten unsere Tochter doch bitte irgendwie zur Räson bringen, da bat ich ihn dann zu gehen.

Wir hatten die erste von etlichen schlaflosen Nächten vor uns …

Nein, finanziell krummgelegt für die längst abgenabelten Kinder haben wir uns zum Glück noch nie. Aber emotional, nervlich, stimmungsmäßig, lagen wir schon x-mal platt auf dem Boden, das können Sie mir glauben.

»Frau Wollschläger bitte?!«

Die freundlich bestimmte Aufforderung der Sprechstundenhilfe reißt mich aus meinen Grübeleien. Eine ältere Dame, die ich vorher gar nicht bemerkt hatte, legt ihr Heft »Frau im Spiegel« auf den Stapel der veralteten Illustrierten zurück und steht auf. Hinter dem Gummibaum an der Tür löst sich die Gestalt eines jungen Mannes, der offenbar im Türrahmen gelehnt hatte, und folgt ihr. Abiturient, würde ich mal sagen. Oder Azubi bei einer Bank. Zwanzig. Zweiundzwanzig Jahre alt. Mindestens. Ich muss mich etwas vornüberbeugen, um nachsehen zu können, ob Mutter und Sohn Wollschläger in zwei verschiedene Behandlungszimmer trotten oder ... Nein! Das gibt's doch nicht! Beide verschwinden hinter derselben Milchglasscheibe.

»Wenn das meiner wäre, pah! Einem Kerl von einsachtzig das Händchen halten, soweit kommt's noch!«, denke ich grimmig. Und als das bekannte grell singende Kreischen des Bohrers ertönt, empfinde ich auf einmal kaum noch Mitleid mit denen, die da unmittelbar neben mir leiden, Angst und Schmerzen haben, zurückzucken, die Augen zukneifen und sich an den Armlehnen festkrallen. Es tut irgendwie auch gut, einfach nur hier zu sitzen.

Vielleicht muss man als Rentner seine Betroffenheitsgrenze noch einmal neu markieren. Und rechtzeitig drauf achten, dass keine Nerven blank liegen. Nicht mal, wenn's um die eigenen Kinder geht.

Die Deutsche Bibliothek- CIP-Einheitsaufnahme
Ein Titeldatensatz für diese Publikation ist bei der
Deutschen Bibliothek erhältlich.


2  3  4  5  6      04  03  02  01  00


© 2000 Kreuz Verlag GmbH & Co. KG Stuttgart
Ein Unternehmen der Dornier Medienholding GmbH
Postfach 80 06 69, 70506 Stuttgart, Tel. 0711-78 80 30
Sie erreichen uns rund um die Uhr unter
www.kreuzverlag.de
Umschlagbild und Illustrationen: Heribert Schulmeyer, Köln
Umschlaggestaltung: Jürgen Reichert, Stuttgart
Satz: Rund ums Buch – Rudi Kern, Kirchheim/Teck
Druck und Bindung: GGP Media GmbH
Die Schreibweise entspricht den Regeln der neuen
Rechtschreibung.
ISBN 3 7831 1802 6

# Über die Großen der Geschichte...

Pikante Funde in den Archiven der Geschichte werden von Hans Conrad Zander auf unübertrefflich unterhaltsame Weise präsentiert. Ein exquisites Lesevergnügen über Persönlichkeiten der Geschichte wie Ludwig XIV., Alexandre Dumas, die Marquise de Maintenon, Sarah Bernhardt, Kaspar Hauser, Turnvater Jahn, Enrico Caruso, Molière, Napoleon, Gottfried Keller und viele andere.

Hans Conrad Zander
**Zanderfilets**
Kabinettstücke
aus der Rumpelkammer
der Geschichte
*176 Seiten, Hardcover
mit Schutzumschlag*

**KREUZ**: Was Menschen bewegt.
www.kreuzverlag.de